AF462715

RÉFLEXIONS
SUR
L'HOMME,
OU
EXAMEN RAISONNÉ

du Discours de M. ROUSSEAU, Citoyen de Genêve, sur l'origine & les fondemens de l'inegalité parmi les hommes.

Par M. JEAN-HENRY LE ROUS,
Conseiller du Roi de France.

Fabulationes mihi narraverunt iniqui, sed non ut lex tua. Psal. 118. v. 85.

A GENÉVE

M. DCC. LVIII.

PRÉFACE.

CE n'eſt pas ſeulement ma cauſe que j'entreprends de défendre contre M. Rouſſeau de Genêve, c'eſt encore celle de toute l'eſpece humaine. M. Rouſſeau n'en veut qu'à notre raiſon, je n'attaque que la ſienne. Le deſir de ſe ſingulariſer a été le ſeul but de ſon Diſcours ; l'amour du vrai & de mes ſemblables m'a ſeul conduit dans mes réflexions ; aurois-je moins de droit que lui à l'indulgence du Lecteur judicieux ?

Les Juges de M. Rouſſeau ſeront les miens, & je crois pouvoir dire d'avance qu'on n'a rien à craindre de défendre devant eux la raiſon perfectionnée, & qu'on riſque tout à vouloir la combattre.

En effet, où en ſerions-nous, ſi mes ſentimens ne prévaloient ſur ceux de M. Rouſſeau ? Ce n'eſt pas en dégradant l'homme de ſon état d'homme qu'on le fait mieux connoître, ce n'eſt pas nonplus en l'élevant au deſſus de ce qu'il eſt. Trop d'élévation, trop d'abaiſſement, ſont dans ſon hiſtoire deux écueils également à éviter. Pour parler de l'homme, il faut faire voir ſa grandeur, mais ſans cacher ſa foibleſſe; c'eſt un être, dans ſon état actuel, composé de bien & de mal; un être qui, malgré les paſſions & les penchants de la brute, auſquels il eſt aſſujetti comme elle, porte l'empreinte & le caractére de la Divinité dont il eſt ſeul capable.

M. Rouſſeau, dira-t-on, n'a fait que jetter ſes penſées ſur le papier; il eſt le premier à ne pas ajoûter foi à ce qu'il a écrit. Je le ſouhaite; mais s'agit-il de ce que M. Rouſſeau penſe ou ne penſe pas? Ne s'agit-il pas au contraire de ce qu'il a écrit & voulu faire penſer? Seroit-il conſéquent, parce qu'un Charlatan n'auroit pas lui-même le premier de confiance dans les Drogues empoiſonnées dont il infecteroit le public, ſeroit-il conſéquent, dis-je, par cette ſeule raiſon de n'y pas aporter de contrepoiſon. D'ailleurs dans un ſiécle malheureux où l'on croit tout, excepté ce qu'il faut croire ; ſiécle dépravé, où l'inconſtance de l'eſprit & du cœur ne ſe fixe qu'à ce qui porte l'empreinte de la nouveauté, quelles ſuites ne pourroit pas avoir un langage pareil à celui de M. Rouſſeau? Combien d'hommes dominés par les paſſions, comme autant d'arbres ébranlés par la tempête, ne tiennent plus à l'humanité que par quelques racines, & que le moindre coup renverſeroit pour toujours. Combien le parti formé pour anéantir, pour étouffer à quelque prix que ce ſoit dans le cœur humain, des vérités & une raiſon ſans laquelle nous ceſſerions d'être hommes, ou plutôt ne l'aurions jamais été, a-t-il fait de progrès, de ravages? Ce torrent nous inonde de toutes parts, & ceux qui par état devroient être les premiers à s'y opoſer, n'en ſont peut-être eux-mêmes que les plus terribles ſources. Telle eſt notre ſituation ; ſituation d'autant plus déplorable, que tous rendent lâchement des armes qui leur paroiſſent trop peſantes. Tous en foule courent ſe livrer à l'ennemi pour éviter un choc qu'ils ne ſont plus en état de ſoutenir. Tout eſt au pillage, le Sanctuaire reſpectable de la Religion n'eſt pas lui-même épargné ; déja l'ennemi commun eſt porté en triomphe ſur l'Autel de la Divinité par ceux mêmes, * oſerai-je bien le dire, qui, conſacrés plus particulierement à ſon culte, étoient uniquement faits pour en défendre les droits inaliénables.

Que ces ſages du monde, que ces eſprits prétendus forts triomphent ; leur triomphe ne ſera pas éternel.

Nouveaux Titans, qu'ils entaſſent montagnes ſur montagnes pour chaſſer la vérité de ſon trône, elle rit de leurs vains efforts ; déja le foudre qui doit les enſévelir pour jamais ſous les débris de leurs monſtrueuſes chiméres, eſt prêt à partir.

Accoutumés au brillant & à l'éclat des armes dont ils ſe parent, ils riront peut-être de la ſimplicité de celles avec leſquelles j'oſe me preſenter contre un d'eux.

* M. l'Abbé de Prades, &c...

M. Rouſſeau eſt un Géant, je ne ſuis qu'un Pygmée, mais un Pygmée couvert du bouclier de la vérité.

Quelle que ſoit l'iſſue du combat, j'entre ſans crainte dans la lice ; ſi je ne remporte pas tout l'avantage que j'eſpére, au moins me reſtera-t-il celui d'avoir combattu pour le vrai.

ERRATA.

Page 11. *ligne* 11. d'être mis ; *liſez*, d'être unis.

Pag. 13. *lig.* 7. comme ; *liſez*, commune.

Pag. 31. *lig.* 6. il en auroit réſulté une monde de matérialités, ou tout au moins il auroit été ce que ſont les brutes ; *liſez*, il en auroit réſulté un monde compoſé de matérialiſtes, ou tout au moins de brutes, &c.

Pag. 61. *lig.* 19. ne s'opoſe pas néceſſairement à l'autre ; *liſez*, ne ſupoſe pas néceſſairement l'autre.

Pag. 83. *lig.* 7. *après le mot* vertus, *mettez un point virgule ;* lig. 8. *après le mot* loi, *retirez le point & laiſſez la virgule.*

Pag. 92. *lig.* 26. pour ; *liſez*, par.

Pag. 94. *lig.* 17. *après le mot* admettre, *mettez deux points ; après* d'aveugles hazards, *retirez le point & laiſſez la virgule.*

Pag. 96. *lig.* 15. ſecond ; *liſez*, fécond.

Pag. 113. *lig.* 24. & ſuiv. *retirez les guillemets* ».

Pag. 129. *lig.* 8. *&* 9 ſe les procurer ni même les déſirer ; *liſez*, ſe le procurer, ni même le déſirer.

QUESTION

Proposée par l'Académie de Dijon.

QUelle est l'origine de l'inégalité parmi les hommes, & si elle est autorisée par la Loi naturelle ?

REFLEXIONS SUR L'HOMME,

OU EXAMEN RAISONNÉ du Discours de M. ROUSSEAU, Citoyen de Genève, sur l'origine & les fondemens de l'inégalité parmi les Hommes.

» C'EST DE L'HOMME (1), M. » Rousseau, que vous avez à » parler; » malheureusement, à » force de l'étudier (2), nous nous som» mes mis hors d'état de le connoître: » qu'en dire? Ce sont des hommes que vous avez à instruire, sur ce qu'ils ont été, sur ce qu'ils sont; » ne vous con» noissant pas (3) vous-même, déses» pérant de venir à bout de vous voir tel » que vous a formé la Nature, à travers » tous les changemens que la succession

(1) Discours de M. Rousseau page 1 de l'Edition in-8°. en 1755.

(2) Préface page 55.

(3) Ibid. page 54.

» des tems & des choses a dû produire » dans votre constitution originelle ; » que leur aprendre ? Le but de la carriére que M. Rousseau se propose de parcourir, ne se découvre point encore à ses yeux ; qu'importe ? il va toujours à bon compte « défendre avec con- » fiance (4) la cause de l'humanité de- » vant les sages qui l'y invitent, bien » content de lui-même, s'il se rend di- » gne de son sujet & de ses Juges. O » homme (5) (*s'écrie-t-il*) de quelque » contrée que tu sois, quelles que soient » tes opinions, écoute ; voici ton his- » toire telle que j'ai cru la lire, non » dans les Livres de tes semblables qui » sont menteurs, mais dans la Nature » qui ne ment jamais. Tout ce qui sera » d'elle, sera vrai : il n'y aura de faux » que ce que j'y aurai mêlé du mien sans » le vouloir. » M. Rousseau n'a fait que croire avoir lu dans la Nature l'histoire de l'homme ; rien n'est d'elle dans son discours, tout est de lui : de son propre aveu tous les hommes sont menteurs ; il est homme. Après cela M. Rousseau est il content de lui ? croit-il s'être rendu digne de son sujet & de ses Juges ?

Pour dire la vérité, il faut l'aimer ; pour l'aimer, il faut la connoître ; pour

(4) Discours p. 1.

(5) Ibid. page 7.

la connoître, il faut qu'elle veuille bien se montrer elle-même ; sans elle tout n'est que ténébres. Ne vous étonnez donc plus, M. Rousseau, ne vous scandalisez plus du peu d'accord qui régne entre ceux qui, comme vous, n'ont suivi que leurs propres lumieres pour traiter la matiere de la nature de l'homme ; Anciens, Modernes, Philosophes, Moralistes, &c. tous, sans guides, n'ont pu donner que dans l'erreur ; les uns ignorant, les autres méprisant la seule lumiere qui pouvoit sûrement les conduire, est-il surprenant qu'ils n'aient point été d'accord, qu'ils n'aient jamais trouvé la vraie solution des problêmes qu'ils se sont proposés à cet égard ? Sentant bien, mais n'apercevant jamais, tantôt ils ont accusé la Nature, tantôt le Créateur, & jamais la Créature, seule coupable & factrice du désordre qui régne chez elle ; c'est ce qu'ils auroient apris & enseigné à l'aide de la Révélation ; elle seule peut fixer la vraie origine de l'homme, prouver la perfection de sa nature dans sa création ; elle seule peut indiquer la source de tous nos maux, de tous nos vices, de tous nos malleurs, en faisant connoître la Nature tombée. *

La Révélation, n'étant rien autre chose que la vérité par elle-même rendue sensible à l'homme, jamais ne trompe, jamais n'égare; elle éclaire tout, elle décide tout, parce qu'elle est vérité; elle seule, M. Rousseau, est la solution du problême que vous proposez : « Quelles expériences (6) seroient » nécessaires pour parvenir à connoître l'homme naturel, & quels sont » les moyens de faire ces expériences » au sein de la société. » Problême digne tant que vous voudrez des Aristotes & des Plines, non-seulement de notre siécle, mais encore des siécles passés & des futurs; Aristotes & Plines qui ne le résoudront & ne l'éclairciront jamais, quelques expériences qu'ils fassent, hors celle de la prendre pour guide & de la suivre par-tout. Elle seule est cette clef qui pouvoit faire pénétrer, par nos Aristotes passés & modernes, le sacré laboratoire du

(6) Préface, page 58.

* L'Homme du monde qui a le mieux connu l'Homme (M. Pascal) n'a pas fait difficulté de dire que l'Homme est plus inconcevable sans le mistére de la nature tombée, que ce mistére n'est inconcevable à l'Homme.

Très-Haut ; là ils l'auroient vu créer l'homme dans un état de perfection ; ils auroient suivi cet ouvrage digne de son Créateur, & ils l'auroient bientôt vu s'en rendre volontairement indigne par la désobéissance la plus odieuse ; ils auroient vu l'homme dans sa nature parfaite, non borné comme les brutes au seul instinct, mais orné d'une ame toute spirituelle, dégagée de toute matiere, créée à l'image de son Créateur, vivifiée par son souffle : un peu plus loin ils auroient vu ce même homme, par son ingratitude, dans sa nature tombée, défiguré, accablé de besoins, de nécessités, entraîné par des passions dont il étoit auparavant le maître, uniquement par lui-même capable du mal, incapable par lui-même d'aucun vrai bien, sujet aux maladies, à la mort, la terre maudite pour lui, les élémens réunis à venger son crime, enfin l'ennemi de toute la Nature, son propre ennemi, &, ce qui est le plus triste encore, l'ennemi de son Créateur. Alors ils se seroient écriés avec nous, *indè mali labes* ; ils n'auroient point cherché ailleurs la source & l'origine de cette inégalité aparente entre les hommes, qui n'est rien qu'un châtiment

& la ſuite de la déſobéiſſance du premier de l'eſpéce. Nous ne les aurions pas vu, avec autant d'impiété que d'orgueil, traiter de puérilité, d'enfance, de préjugé, des vérités * auſſi chéres & auſſi précieuſes que celles qui, en nous découvrant nos miſéres, nous en font eſpérer la guériſon, dans la puiſſance & la bonté de celui qui ſeul peut les guérir.

Montrez-nous donc, M. Rouſſeau, tant qu'il vous plaira, l'homme ſujet à tous les maux, aux vices, aux maladies, à la mort ; eſſayez de nous démontrer l'inégalité aparente des états des hommes, nous ſçavons cela auſſi-bien que vous, votre peine eſt inutile, une expérience journaliere ne nous le fait que trop triſtement ſentir ; mais

* Deux vérités, dit M. Paſcal, qu'il eſt important de bien connoître & de ne pas perdre de vue, pour connoître l'homme. Il y a un Dieu dont les hommes ſont capables ; il y a une corruption dans la nature qui les en rend indignes. Une ſeule de ces connoiſſances fait, ou l'orgueil des Philoſophes qui ont connu Dieu & non leur miſére, ou le déſeſpoir & la folie des Athées qui connoiſſent leur miſére ſans Rédempteur. Levez vos yeux vers Dieu, diſent les premiers : voyez celui auquel vous reſſemblez. Baiſſez vos yeux vers la Terre, diſent les ſeconds, chétif ver que vous êtes, & regardez les bêtes dont vous êtes le compagnon. *Penſées Tit.* 3. *pag.* 25.

que ſans d'autres lumieres que les vôtres, vous vouliez nous en découvrir & nous en éclaircir la cauſe & l'origine, pour nous conduire plus ſurement au remède, tel eſprit que vous ayez, telle bien montée que ſoit votre imagination, vous me permettrez de vous dire que vous n'y réuſſirez point, que vous ne ferez que tomber d'erreur en erreur, de contradictions en contradictions. Nouvel Icare, nous vous verrons plus d'une fois trébucher aux aproches des rayons de la vérité, ſort inévitable à la préſomption de vos pareils.

PREMIERE PARTIE.

LE peu de connoiſſances que l'homme a par lui-même de ſon origine & de ſa nature actuelle, le peu d'étude qu'il en fait, la difficulté qu'il a de les acquerir, ſont la ſource des erreurs, des vices dont ſon eſprit & ſon cœur ſont infectés. Adorateur de lui-même & ſon plus grand ennemi, ſe cherchant ſans ceſſe, ſe fuyant toujours, énigme inconcevable à ſes yeux, à chaque inſtant nouveau Protée, ſa propre connoiſſance eſt ce qui le touche le moins: tout entier hors de lui & jamais au-dedans, il ne connoit & ne cherche à connoitre que l'extérieur, que ce qui touche ſes ſens. D'où vient-il? Qu'eſt-il? Où va-t-il? il n'en ſçait rien. Seul dans la nature, étranger pour lui-même, le dehors ſeul le fixe & le frape; curieux de tout ce qui n'eſt pas lui, il ne cherche qu'à s'ignorer lui-même. Si quelquefois & malgré lui, il ſe ſent capable de faire des retours, ſi au dedans il entend une voix qui lui crie ce qu'il eſt & ce qu'il doit être, ce ne ſera plus que pour l'affliger, le tourmenter, le contredire, lui faire des reproches, enfin l'opoſer toujours à lui-même ; voix intérieure qu'il étouffe bientôt, dont il ſécoue d'autant plus volontiers le joug importun, qu'elle ſe rapelle plus ſouvent à lui, & qu'elle s'efforce de l'y fixer ; ſituation que l'orgueil naturel ne peut enviſager qu'avec horreur ; joug affreux qu'il ne peut ſuporter qu'en ſe croyant le plus malheureux de tous les êtres : tel eſt le comble de notre aveuglement.

Dans cette perpléxité, quel parti va prendre l'homme ? Fatigué de la guerre inteſtine que la chair & l'eſprit ſe livrent, le preſent lui paroiſſant ſon vrai & unique bien ſans jamais le rencontrer, trompé ſans ceſſe par les aparences, ſon ſeul travail ne ſera plus que d'étouffer, autant qu'il ſera en lui, cette voix qui lui crioit trop ſouvent, qu'il eſt d'une autre nature que les brutes ; qu'il a une deſtinée bien autre & bien plus noble ; que le but du Créateur, en le créant ſuſceptible d'intelligence, de raiſon, de prudence, n'a pas été de le créer pour la terre ſeulement, qu'il a eu un autre deſſein : & quel autre deſſein ? ſinon celui de le rendre participant de ſon bonheur, deſſein de faire des heureux, deſſein bien digne de la grandeur

& de la bonté d'un Dieu son Créateur.

L'homme semblable aux brutes par la chair, par les organes, par les sens & par les penchans; image de la Divinité par son ame, cet être qui pense en lui, cet être spirituel, immortel, créé de rien comme la matiére, sans cependant pouvoir être matiére, n'ayant ni longueur, ni largeur, ni hauteur, ni profondeur, ni dureté, ni flexibilité, aucune étendue, aucune divisibilité dans ses parties, qui ne se touchent ni ne s'aperçoivent par les sens; cet être capable de réflexion sur lui-même & par lui-même, faculté dont la matiére est incapable, tel est le composé de l'homme. La chair, l'esprit, l'être matériel, l'être pensant & spirituel, deux êtres qui ne paroissant qu'un dans l'homme, sont cependant bien distincts & séparés par leur essence, par leurs gouts & par leurs affections; nécessaires sur la terre l'un à l'autre, d'accord & amis en aparence, ils sont ennemis & contraires en effet. Les impressions de la matiére étant autres que les impressions de l'esprit, il s'ensuit qu'il y a dans l'homme deux sortes de loix, la loi de la matiere, la loi de l'esprit; de-là les guerres de l'homme avec l'homme.

même; de là les contradictions intérieures, les combats continuels qu'il éprouve.

La matiére portée par sa nature à la terre, l'esprit au contraire attiré vers le ciel; la matiére créée pour obéir, l'esprit créé pour commander; l'orgueil de la premiére, l'autorité naturelle du second; leurs inclinations si differentes & si contraires; la nécessité où ils sont d'être mis & de vivre ensemble, font juger & sentir aisément qu'il n'y aura jamais de paix chez l'homme, que l'esprit n'ait soumis la matiére, ou que la matiére n'ait subjugué l'esprit. S'il reste encore la moindre force, la moindre liberté d'un côté, qui ne soit pas de l'autre, point de paix, toujours des attaques, des rebellions du côté de la chair; des efforts, des retours du côté de l'esprit. Afin que l'homme ait la paix, il faut qu'un des deux soit subordonné: si c'est l'esprit qui a vaincu la matiére, alors c'est une vraie paix; l'homme est dans l'ordre, il éprouve, par le calme qu'il ressent, que l'intention du Créateur a été que l'esprit conduisît la matiére & lui commandât: si au contraire, par un monstrueux renversement, c'est la matiére qui a triomphé de l'esprit, alors l'homme jouit d'une paix, mais fausse; mais terrible, dont le terme est la mort, qui lui faisant perdre la qualité distinctive de l'homme avec la brute, l'abaisse même au-dessous.

L'être créé pour obéir, soumis à l'être créé pour commander, voilà l'homme créé parfait & dans l'ordre par le Créateur; l'être créé pour commander, soumis, subjugué par l'être créé pour obéir, voilà l'homme tombé, l'homme imparfait, l'homme déplacé, l'homme dans le désordre. Alors l'esprit sans ressource & sans espoir ne fera tout au plus que murmurer quelquefois de l'usurpation de la chair; fatigué d'inutiles efforts, bientôt son unique ressource sera de s'étourdir du bruit des chaînes qu'il ne lui est plus possible de rompre, si celui-là seul qui l'avoit placé dans l'ordre, par une bonté qu'il ne lui devoit pas, ne les brise lui-même, & ne l'y replace.

De ce que nous venons de dire, il suit nécessairement qu'il y a eu dans l'homme, dès le moment & dès le premier instant de sa création, une inégalité réelle & sensible; inégalité juste & équitable, étant nécessaire que le moins parfait & le plus parfait soient inégaux entr'eux. Or la matiére est moins parfaite que l'esprit ; il est donc indispensable d'admettre de l'inégalité entre la matiére & l'esprit, inégalité tirée de la nature de l'homme, inégalité autorisée par la loi naturelle & révélée, inégalité conséquente de la nature de l'homme, individuelle, comme à toute l'espéce, & dont M. Rousseau ne dit rien, soit qu'il l'ait ignorée, ou qu'il crût qu'elle n'influe point sur la question qu'il se proposoit d'éclaircir ; inégalité qu'il étoit cependant d'un préalable de connoître pour découvrir la source & l'origine de l'aparente inégalité qui régne aujourd'hui parmi les hommes ; inégalité aparente dont l'espece n'est nullement de la nature primitive de l'homme, mais seulement relative, accidentelle & fille du desordre dans lequel est tombé cette même nature ; inégalité autorisée néanmoins comme la premiére par la loi naturelle, non pas en ce qu'elle fasse partie ou qu'elle tire son origine de la nature de création de l'homme, à qui elle est contraire, mais en tant qu'elle est le châtiment & la suite de ce même desordre. Que l'homme eût resté dans l'ordre, comme il l'auroit pu s'il eût voulu, la premiére inégalité auroit toujours subsisté comme dépendante de sa nature ; au lieu que la ſeconde, ſeulement accidentelle & relative au déſordre, n'auroit jamais exiſté, & ne feroit point aujourd'hui le ſujet des difficultés que M. Rouſſeau ſe propoſe d'éclaircir, mais qu'il n'éclaircira jamais, faute d'avoir bien connu la premiére. En effet, s'il l'eût bien connue, la queſtion étoit ſur le champ réſolue ; il auroit parti de cette inégalité premiére & de création, qui exiſte néceſſairement & réellement entre la matiére & l'eſprit ; ces deux êtres, par un renverſement monſtrueux, une fois déplacés dans l'homme, il n'auroit pu diſconvenir qu'il a dû s'enſuivre du deſordre, & dans le déſordre il auroit infailliblement trouvé la ſource & l'origine de l'inégalité actuelle parmi les hommes ; inégalité autoriſée par la loi naturelle dans ſa ſuite & ſes effets, & non dans ſa cauſe & ſon origine.

Ces deux ſortes d'inégalités une fois bien conſtantes & démontrées, il ſera aiſé de faire voir la premiére entiérement dans la nature de l'homme comme en faiſant partie, en tant qu'on ne peut concevoir un être compoſé de matiére & d'eſprit, ſans concevoir de l'inégalité entre ces deux ſubſtances ſi différentes, ſans comprendre qu'elle eſt propre & particuliére à chaque individu, quoique commune à toute l'eſpece; qu'elle eſt ſenſible par elle-même, indépendante des événemens, permanente, ſoit que l'homme ſoit dans l'ordre ou dans le déſordre, pour le particulier comme pour le général, ſtable, invariable, l'homme compoſé tel qu'il eſt ne pouvant exiſter ſans elle : la ſeconde au contraire hors de la nature, indépendante d'elle, d'une origine bien différente : celle-là fille de l'ordre; celle-ci fille du déſordre, ſeulement relative, dépendante des événemens, accidentelle, momentanée, idéale, ſenſible, non par elle-même, mais uniquement par comparaiſon d'un individu à un autre individu qui auroit pu ne pas être, ſans que l'homme en eût moins exiſté. En effet, tirez la comparaiſon de l'état actuel d'un individu à l'état d'un autre individu; ſupoſez pour un moment, ce qui cependant ne ſeroit pas impoſſible, tous les hommes péris à l'exception d'un ſeul; la premiére inégalité exiſtera toujours dans ce ſeul homme, elle y ſera toujours ſenſible, tandis que la ſeconde diſparoitra faute de comparaiſon; preuve donc que celle-ci n'a point ſon origine dans la nature de l'homme, quoiqu'autorisée par la loi naturelle en tant que châtiment & suite du désordre.

Voilà la vraie origine & la source de l'inégalité parmi les hommes; la voilà autorisée par la loi naturelle; voilà la question qu'avoit à traiter M. Rousseau, réduite à son véritable état. Tel étoit, ce me semble, la route qu'il devoit prendre : voyons celle qu'il a prise.

Pour résoudre, ou plutôt éclaircir cette question, M. Rousseau part d'un point qu'il prétend ne perdre jamais de vue; c'est de l'état primitif de l'homme, de sa nature originelle bornée au seul instinct ou à l'avantage de s'aproprier celui des autres, n'en ayant peut-être aucun. Dans cet état cependant il distingue l'homme de la brute par la puissance de se perfectionner, puissance qui est la source de l'artificiel dans la nature, du droit de propriété, de la société, des maux, des biens, des vertus, des vices, des arts, des sciences, & enfin de toutes les connoissances, ou plutôt de tous les malheurs; puissance expérimentée par des hazards qui auroient pu ne pas arriver comme ils sont arrivés : present funeste de la nature à l'espece humaine, mal par essence & non

non par l'usage & l'abus que l'homme en fait. L'état primitif borné au seul instinct ou à l'avantage de se les aproprier tous, n'en ayant peut-être aucun ; voilà les fondemens du sistême de M. Rousseau : la faculté distinctive de se perfectionner, les hazards qui auroient pu ne pas arriver comme arriver, servant à déveloper dans l'homme cette faculté distinctive des supositions, des conjectures ; en voilà les matériaux. Tout cela n'est-il pas bien solide, bien lumineux ? Au moins l'Auteur de ce sistême doit le penser. Voulez-vous voir clair ? vous dit cet habile Philosophe, fermez-bien les yeux. Apercevez-vous maintenant ce bel édifice ? Non encore, lui direz-vous. Qu'importe ? vous répondra-t-il, fermez toujours bien les yeux, voilà l'essentiel ; je n'y ai pas vu plus clair que vous, moi qui suis l'Architecte ; il existe, je vous l'ai dit, vous devez m'en croire. Oui, M. Rousseau, il existe dans votre tête, & non ailleurs. Est-ce maladie qui tient notre Architecte ? on le plaint. Est-ce envie de ridiculiser ceux qui auront la bonté de l'en croire ? en ce cas il mérite le premier tout le mépris auquel il veut exposer leur crédulité.

» Que mes lecteurs, *dit M. Rousseau*,

(1) Préface page 57

» ne s'imaginent pas (1) que j'ose me » flatter d'avoir vu ce qui me paroit » si difficile à voir. J'ai commencé des » raisonnemens ; j'ai hazardé quelques » conjectures, moins dans l'espoir de » résoudre la question, que dans l'in- » tention de l'éclaircir & de la réduire » à son véritable état. D'autres pou- » ront aisément aller plus loin par la » même route, sans qu'il soit facile » à personne d'arriver au terme. Car ce » n'est pas, *poursuit-il*, une legere en- » treprise de démêler ce qu'il y a d'ori- » ginaire & d'artificiel dans la nature » actuelle de l'homme, & de bien con- » noitre un état (*l'état primitif, l'état* » *originaire*) qui n'existe plus, qui n'a » peut-être point existé. « Par ce *peut-être qui n'a point existé*, M. Rousseau révoqueroit-il en doute que l'espece humaine a commencé d'exister ? En ce cas son sistéme devient absurde ; car pour bien juger de notre état actuel, comment seroit-il nécessaire & pouroit-on avoir des notions justes d'un état qu'il convient lui-même n'avoir peut-être jamais existé ? Y a-t-il rien de moins dépendant, de moins lié que le néant & la réalité ? Quelles conséquences tirer de ce qui n'est pas à ce qui est. Mais admettons que par son *peut-être*, M. Rousseau ait voulu seulement faire entendre que l'état primitif dans lequel il va representer l'homme, n'est qu'une suposition, que ce n'est que par les lumieres & par les avantages que cette suposition procurera à l'humanité dans son état actuel, que nous reglerons & la reconnoissance & les éloges dus à ses reflexions. Alors je puis d'avance l'en assurer, il n'y aura pas un de ses Lecteurs qui ne soit indigné de ce qu'il a présumé trouver parmi eux quelques admirateurs. En effet, loin que notre état present puisse tirer quelque avantage de l'état primitif qu'il invente, il y perd tout. L'homme primitif de Rousseau cesse de mériter ce nom, & plus nous le mériterons, selon lui, plus nous serons hommes. Telle est la merveilleuse découverte qui étoit réservée à M. Rousseau ; changer toutes les notions ; substituer les plus épaisses ténébres au jour le plus éclatant ; placer la stupidité sur le thrône de la raison, c'est son projet.

M. Rousseau ne s'entendant pas luimême, à la différence des autres Ecrivains, triomphe lors qu'on ne l'entend pas ; il ignore le terme auquel il tend,

& il voit avec complaisance que ceux qui le suivront, & iront plus loin que lui dans la même route, ne pouront atteindre aucun but.

Enfin M. Rousseau commence à entrer en matiére.» Je conçois, *dit ce Philosophe*, dans l'espece humaine (2)
(2) Discours pa. 1.
» deux sortes d'inégalité; l'une que » j'apelle naturelle ou physique, par » ce qu'elle est établie par la Nature, » & qui consiste dans la différence des » âges, de la santé, des forces du » corps, des qualités de l'esprit; l'autre, qu'on peut apeller inégalité morale ou politique, qui consiste dans » les différens priviléges dont quelques-» uns jouissent au préjudice des autres, » comme d'être plus riches, plus ho-» norés, plus puissants. *Cependant M. Rousseau, vous ne disconviendrez pas*
(3) Pag. 16.
» qu'il est aisé de voir (2) qu'entre » les différences (ou inégalités) qui » distinguent les hommes, plusieurs » passent pour naturelles, qui sont uni-» quement l'ouvrage de l'habitude & » des divers genres de vie que les hom-» mes adoptent dans la société. Ainsi un » tempérament robuste ou délicat, » la force ou la foiblesse qui en dépen-» dent, viennent souvent plus de la

» maniére dure ou efféminée dont on » a été élevé, que de la conftitution » (naturelle) & primitive des corps. » Il en eft de même des qualités de » l'Efprit, elles dépendent plus de la » culture que de la Nature. « M. Rouffeau n'a-t'il pas bonne mémoire? il eft vrai qu'il y a quatre-vingt fix pages d'intervalle; le trajet eft affez long pour ne pas fe fouvenir de ce qu'on a dit, il y a fi long-temps; mais M. Rouffeau fe donnera encore plus d'un démenti dans la fuite de fon Difcours. Qu'il dife donc tant qu'il voudra le oui & le non, je foutiendrai toujours fans lui, qu'aucune de ces deux fortes d'inégalités ne peut pas être dite plus naturelle & établie par la Nature que l'autre; qu'elles font deux ruiffeaux dont la fource eft la même; que dès qu'on a vû des différences dans l'âge, la fanté, les forces & l'efprit, on a vu des différences dans les richeffes, dans les puiffances, & dans les honneurs; qu'elles font toutes deux en quelque forte de convention par les perceptions que nous avons, par les idées que nous attachons aux chofes, par les différences que nous avons mifes entre être en fanté & n'y être pas;

être robuste ou délicat, spirituel non spirituel, puissant ou foible, riche ou pauvre, honoré ou méprisé. N'attachons aucunes idées à chacun de ces états, tous les hommes seront égaux, aucun d'eux ne s'apercevra jamais de ces inégalités qui ne seront sensibles ni aperçues que par la comparaison que tel fera de son état à celui d'un autre, selon les idées qu'il y attachera.

Pour que l'inégalité qui consiste dans la différence d'âge, de santé, de forces, &c. fût réellement une inégalité, il a fallu qu'elle ait été sensible, aperçue, au moins en si petit dégré qu'on voudra supose, pour qu'elle pût être reconnue; il a fallu faire la comparaison de tel en santé avec tel en ayant moins. Pour faire des comparaisons, il faut avoir des idées, des notions du plus d'avec le moins, connues, réciproques, admises & reçues par plusieurs; mais comment admettre des idées, des notions réciproques, connues, reçues par plusieurs sans aucune société, sans communication? Comment donc M. Rousseau peut-il traiter d'inégalités naturelles, établies par la Nature (lui qui ne supose la société que bien postérieure à l'état primitif de l'homme) les différences d'âge, de ſanté &c. qui n'ont pu être ſenſibles & connues que dans & par la ſociété, quoique la cauſe pût bien lui être antérieure ? En effet s'il n'y avoit point de relation, de communication entre les hommes, non plus que les brutes n'ont entr'elles, dans l'état primitif de l'eſpéce humaine, il n'y a pu avoir aucune notion, aucunes idées, aucune diſtinction attachée entre les différens états d'âge, de ſanté, de forces du corps, d'eſprit, &c. Tous les hommes donc étoient égaux, ou du moins n'avoient aucune connoiſſance de leur inégalité, ce qui pour eux revenoit au même. Dans quelqu'état que l'homme fût, il le croyoit égal à celui des autres de ſon eſpéce, ou plûtôt ne croyoit rien ; aucune inégalité n'étoit connue ni ſenſible : telle étoit leur nature commune ; tous étoient également ſuſceptibles d'être âgés, malades, expoſés à perdre les forces du corps ; tous donc aſſujetis à la même loi, étoient en cela tous égaux & expoſés aux mêmes accidens. Donc quand même on pouroit dire, ſelon la ſupoſition de M. Rouſſeau, que la cauſe & les effets qui ont donné lieu à l'inégalité & aux différences d'âge, de ſanté, &c. & qui les ont rendu ſenſibles, ſont naturels, établis par la nature, on n'en pouroit pas dire de même de l'inégalité & de la différence distinctive qu'ils occasionnent parmi les hommes, qui n'a pris son origine & qui n'a été sensible & connue que dans la société, par les idées qu'on a attachées à ces causes & aux différences dont on est convenu, pour distinguer une chose d'avec une autre. Je pourois encore parler de la différence des qualités de l'esprit & de l'ame, que M. Rousseau soutient également naturelle & établie par la nature dans des gens qu'il nous donne comme bornés dans leur état primitif par la nature, au seul instinct, si encore ils en avoient un, sans parole, sans communication, par conséquent sans société.

L'homme borné au seul instinct, sans parole, sans domicile, sans liaison, avec ses semblables, tel a été l'homme dans son état primitif, selon M. Rousseau; sans liaison, sans parole, point de société : donc la société a été bien postérieure à l'état primitif de l'homme. Je nie la majeure; que M. Rousseau me prouve sa conséquence.

Dès le moment que l'homme a eu des besoins, il y a dû avoir plus ou moins de société; l'homme a eu des besoins dès le désordre du premier de

l'espéce;

l'eſpéce ; dès-lors il y a dû avoir une ſociété ; ne fut-elle compoſée que de deux, ce ſera toujours une ſociété : le ſentiment intérieur & involontaire, indépendant de tous hazards, exiſtant dans l'homme, ſentiment qui porte naturellement tout individu de chaque eſpéce à communiquer avec ſon ſemblable, s'intéreſſer à lui, le ſecourir, lui aider ; ſentiment, qui s'étend juſques ſur les eſpeces même differentes ; ce ſentiment, dis-je, nous eſt garant & nous prouve que ſi la ſociété n'eſt pas entiérement dévelopée dans la nature primitive de l'homme, elle y exiſte au moins, quant à ſes fondemens. Je pourois dire encore que la ſociété a ſon principe dans la création même de l'homme, indépendamment des beſoins réciproques ſurvenus à l'homme par ſa chûte, puiſque dans l'état d'ordre le Créateur donna une compagne au premier homme, ſans quoi il auroit pu le créer capable de ſe reproduire par lui-même ſans aucun beſoin de ſecond. Les brutes même, de quelqu'eſpéce qu'elles ſoient, à l'exception ſeulement de celles qui ſe produiſent par elles-mêmes, nous fourniſſent encore une preuve invincible que la ſociété eſt dans la nature. Quelque ſauvages & inſociables que vous les trouviez à l'égard des eſpéces différentes d'elles, elles auront toujours un principe naturel de ſociété dans leur eſpéce propre, les uns un peu plus, les autres un peu moins. Si la nature a créé des êtres dans leſquels elle a mis un penchant invincible à ſe réunir, on ne poura pas dire que la ſociété n'a pas ſon principe dans la nature, & qu'elle eſt poſtérieure à l'état primitif; on poura dire, tout au plus, qu'elle étoit moins dévelopée, moins ſenſible qu'elle n'a été par la ſuite, à cauſe de la multiplicité de l'eſpéce, & par conſéquent de la multiplicité des beſoins.

Qu'on remonte juſqu'à l'antiquité la plus reculée; qu'on me montre le peuple le plus ſauvage, j'y ferai toujours voir un principe, un germe de ſociété, & les ſemences de l'homme civil, à la vérité moins dévelopés parmi eux que parmi nous. En un mot, qu'on cherche, ſoit dans l'eſpéce humaine, ſoit dans l'eſpéce brute, l'animal le plus inſociable que l'on poura trouver, je ferai toujours remarquer dans lui une pente naturelle pour ſe communiquer, ſinon avec les autres eſpéces, au moins avec la ſienne; ſentiment intérieur, penchant invincible de la nature qu'on ne peut s'empêcher d'apercevoir à travers l'inclination la plus féroce. Mal-à-propos donc M. Rousseau, en transportant l'origine de la société à un tems bien postérieur à l'état primitif, la rend-il garante & responsable des idées que nous avons » de besoin, (4) d'avidité, d'opression, » d'orgueil, de desirs, &c. » idées dont la réalité n'est point ailleurs que dans le cœur de l'homme depuis son état de désordre, & non de la société dans laquelle ils germent & se produisent, à la vérité, plus aisément qu'ailleurs & à proportion qu'elle est plus étendue ; elle n'en est cependant ni la cause ni la mere. En effet, l'idée d'une société d'hommes exempts de ces affections, des ces penchans, de ces desirs, n'est nullement contraire à la raison & à l'état primitif & naturel de l'homme; donc ces idées d'opression, d'avidité, de besoin, &c. sont dans l'homme même qui compose la société, & non dans la société elle-même, en tant que société. La société peut bien être une société de vicieux, de méchans; mais la société qui n'est rien autre chose que cette rélation, cette communication de l'homme avec l'homme, pour s'aider réciproquement dans leurs

(4) Pag. 5.

besoins, de quoi est-elle coupable ? de quoi est-elle responsable ? Je le demande à M. Rousseau & à tous autres. Soyons de bonne foi, notre propre cœur est la source seule de tous nos vices & de tous nos maux ; ne les transportons point injustement ailleurs : si nous sommes coupables, & vicieux, soyons au moins sincéres.

(5) P. 5. » Il n'est pas venu (5) dans l'esprit » des nôtres, *dit M. Rousseau*, de douter que l'état de nature eût existé, » tandis qu'il est évident, par la lecture des Livres Sacrés, que le premier homme, ayant reçu immédiatement de Dieu des lumiéres & des » préceptes, n'étoit point lui-même » dans cet état ; & qu'en ajoutant aux » Ecrits de Moïse la foi que leur doit » tout Philosophe Chrétien, il faut » nier que même avant le déluge, les » hommes se soient jamais trouvés » dans le pur état de nature, à moins, » *dit-il*, qu'ils n'y soient retombés par » quelqu'évenement extraordinaire. » M. Rousseau est-il un Philosophe Chrétien ? Est-il bien persuadé que l'homme n'ait jamais été dans l'état de pure natute ? S'il en étoit persuadé, comment auroit-il ajouté, *à moins qu'ils n'y soient*

retombés par quelqu'événement extraordinaire? Comment peut-on faire retomber quelqu'un dans un état dans lequel il n'auroit jamais été? Ce *retomber* supose nécessairement un retour d'un état où l'on est à un état antérieur duquel on étoit sorti : mais comment y retomber, si suivant les Livres Sacrés & la foi qu'on doit aux Ecrits de Moïse, l'homme n'y a jamais été? *Paradoxe* (6) *fort embarrassant à défendre, & tout-à-fait impossible à prouver*, ajoute M. Rousseau : je le crois, & j'en suis pour le moins aussi persuadé que lui. M. Rousseau va cependant prendre son parti : il faut le prendre, bon ou mauvais, qu'importe? Il vient de vous dire, qu'il étoit évident par les Livres Sacrés, les Ecrits de Moïse, que l'homme n'avoit jamais été dans l'état de nature : ce n'est pas-là le corps de Religion de M. Rousseau ; il va vous en donner un de nouvelle édition, par lequel on vous *ordonne de croire que Dieu* (7) *lui-même ayant tiré les hommes de l'état de nature, ils sont inégaux, parce qu'il a voulu qu'ils le fussent.* Cela est de foi chez M. Rousseau ; pour nous, nous pensons au contraire qu'il répugne à la bonté du Créateur de croire qu'il ait créé l'homme

(6) Pag. 6.

(7) Pag. 6.

dans les vues & pour la fin qu'il le créoit, inégal à ses semblables, ou inégaux entr'eux: bien loin de l'ordonner, on nous enseigne que ce n'est point seulement parce que Dieu l'a voulu, que les hommes sont inégaux; qu'ils auroient bien pû être tous égaux, s'ils l'avoient voulu, & qu'ils l'auroient été en effet, s'ils fussent restés dans leur ordre de création; que ce n'est point dans Dieu une volonté pure & simple, mais conséquente & seulement relative au désordre arrivé à la nature de l'homme par la chute du premier & par sa désobéissance volontaire; qu'elle n'est en un mot dans Dieu qu'une volonté de justice, de punition, de châtiment.

La réligion de M. Rousseau lui permet encore « de former des conjectu-
» res (8) tirées de la seule nature de
» l'homme & des êtres qui l'environ-
» nent; » la nôtre au contraire nous défend toutes conjectures qui nous portent ou pouroient nous porter à des conséquences fausses: la nature de l'homme & celle des êtres qui l'environnent, sont entr'elles naturellement & essentiellement differentes. Si telles conjectures que l'on tire, les comparaisons n'en

(8) Pag. 7.

peuvent être que fausses, les conséquences qui en résulteront ne pouront jamais être aussi que fausses, « sur ce qu'auroit » (9) été & pu devenir le genre humain, s'il avoit été abandonné à lui- » même. » Il en auroit résulté un monde de matérialités, ou tout au moins il auroit été ce que sont les brutes, & n'auroit point eu d'autre destinée. La belle découverte ! Ce n'étoit pas la peine que M. Rousseau nous étalât les beaux priviléges de sa religion ; elle pouroit convenir aux Epicuriens, mais elle ne mérite ni d'avoir pour « juges » les Platons (1) & les Xénocrates, ni » tout le genre humain pour audi- » teur. »

(9) Ibid.

(1) Ibid.

L'homme, comme je l'ai déja dit, est un composé de deux substances, l'une spirituelle, l'autre matérielle ; unies ensemble, elles font ce qu'on apelle l'essence de l'homme ; désunies, l'homme n'est plus : ce ne sera d'un côté qu'un peu de matiere, de l'autre qu'un être à la vérité spirituel, réellement existant, mais qui ne fera jamais un homme. Unies ensemble, l'homme existe ; désunies, l'homme n'existe plus. Quiconque donc voudra parler de l'une sans l'autre, ne parlera point proprement de l'homme, mais ſeulement d'une des ſubſtances dont il eſt composé. S'il ne le preſente que du côté de la matiere, l'homme n'aura que les qualités & les propriétés de la matiere; s'il ne le conſidére que par raport à l'ame, l'homme n'aura que les qualités & les propriétés d'un être ſpirituel & penſant; diviſion, ſource de mille erreurs, défaut dans lequel eſt tombé M. Rouſſeau. Après avoir lu tout entier ſon Diſcours, on ne ſçait pas encore s'il y a dans l'homme autre choſe que matiere, & s'il a une ame penſante & ſpirituelle, ou ſi la matiere lui en tient lieu; il ſuprime généreuſement tout ce qui a raport à l'ame diſtinguée de la matiere, cette partie la plus noble de l'homme, cet être ſpirituel, penſant & capable de réflexion par lui-même; ou il coule ſi légérement par deſſus, qu'à peine s'en aperçoit-on. Il vous dira bien que l'homme a la faculté de ſe perfectionner, qui ſupoſe chez lui la raiſon; mais il ne vous dira point ſi c'eſt à la matiere de l'homme qu'a été donné la faculté de ſe perfectionner par elle-même, ou à une autre ſubſtance, qui ayant reçu immédiatement du Créateur la faculté de se perfectionner, la communique à la matiere & la perfectionne elle-même: c'est ce que M. Rousseau auroit dû faire, & ce qu'il n'a pas fait. En effet, par où commence-t-il pour parler de l'homme? Après l'avoir gratuitement & seulement suposé dans son origine conformé comme il est, « marchant » à deux pieds (2), se servant de ses » mains, ses regards dirigés vers le » Ciel, contemplant toute la nature: » suposition chez lui qui vous laisse par conséquent la liberté d'en faire une autre, & de suposer au contraire dans cet état primitif, « si ses ongles (3) alongés » ne furent point d'abord des griffes cro- » chues; s'il n'étoit point velu comme » un ours; si marchant à quatre pieds, » ses regards dirigés vers la terre, & » bornés à un horison de quelques pas, » ne marquoient point à la fois le carac- » tére & les limites de ses idées. » Moyennant une suposition, M. Rousseau n'examinera rien; il vous laissera le choix & la liberté de mettre en problême, lequel des deux a été le plus prudent & le plus sage, du Créateur ou de la Créature; si nous avons été conformés de tout tems par le Créa-

(2) Pag. 11.

(3) Pag. 10.

teur comme nous sommes aujourd'hui, ou si la Créature, en corrigeant & rectifiant l'ouvrage du Créateur, s'est procuré elle même cette conformation qu'elle n'avoit pas dans son origine, comme la plus commode, la plus proportionnée à ses besoins, à ses usages, & la plus propre à sa maniere d'être; problême qui ne paroîtroit pas indigne des Aristotes, des Plines, des Spinosa de notre siécle, sans oublier M. Rousseau lui-même, mais que nous n'envisagerions qu'avec horreur & frémissement.

Après cette généreuse suposition de l'homme, conformé de tout tems comme il l'est actuellement, pour considérer l'homme tel qu'il a dû sortir des mains de la nature, M. Rousseau le dépouille d'abord de tous les dons surnaturels « qu'il a pu recevoir (4), & » de toutes les facultés artificielles qu'il » n'a pu acquérir que par de longs » progrès; » cela l'incommodoit: mais de quel droit, pour considérer l'homme tel qu'il a dû, selon lui, sortir des mains de la nature, veut-il ici qu'on le dépouille des dons surnaturels qu'il a pu recevoir? Qu'il le dépouille

(4) Pag. 12.

donc plutôt de ſa qualité d'homme: dès-lors privé des dons ſurnaturels, il ne différera en rien des brutes, puiſqu'eux ſeuls l'en diſtinguent. Eſt-ce à cet état que M. Rouſſeau veut qu'on réduiſe l'homme? Ce n'en ſera plus un. Eſt-ce dans cet état qu'il prétend qu'il a dû ſortir des mains de la nature? On lui ſoutient que non; ou il ſeroit ſorti des mains du Créateur, non un homme, mais une bête ſemblable aux brutes qui l'environnent, & duquel la vérité n'auroit pas pu dire, qu'il a été fait à l'image du Créateur. En un mot, cet être une fois dépouillé des dons ſurnaturels, il faudra néceſſairement le dépouiller de cette ſubſtance ſpirituelle qui penſe en lui, créée pour l'immortalité, le plus beau des dons du Créateur, la partie qui conſtitue le plus eſſentiellement l'homme, & ſans laquelle l'homme n'eſt point homme.

L'homme ainſi dépouillé des dons ſurnaturels, que reſtera-t-il à M. Rouſſeau & à ceux de ſa trempe? La matiere. On ſçait qu'ils y ont beaucoup de penchant & qu'ils en feroient volontiers le dogme le plus chéri de leur croyance, ſi le témoin irréprochable & involontaire qui les ſuit par-tout, ne les avertissoit pas sans cesse du contraire. Qu'ils soient de bonne foi, ils avoueront sans peine que ce qu'ils sentent au dedans d'eux-mêmes n'est point matiere & en est indépendant; parce que sans lui ils n'auroient aucune connoissance distincte de la matiere; que sans lui ils ne sçauroient pas comment ils existent, & même s'ils existent.

Nous croyons que le Créateur, en créant les brutes composées de la seule matiere, ne leur donna en conséquence que l'instinct pour les conduire, leur faire chercher leur conservation, fuir & éviter tout ce qui pouroit y être contraire; mais cela ne suffit pas. On me demandera peut-être ce que c'est que l'instinct; j'avoue que la question est embarrassante, problématique: tout ce ce que je puis dire, sans cependant rien décider, c'est que l'instinct, selon moi, est une faculté particuliere propre à toute matiere organisée & proportionnée par le Créateur à sa maniere d'organisation; que cette faculté * n'est elle-

* Je dis faculté qui n'est ni matiere ni esprit, parce que pour être propre à la matiere, il ne s'ensuit pas qu'elle soit matiere; comme une faculté pour être propre à l'esprit & à l'ame, il ne s'ensuit pas qu'elle soit de l'essence spirituelle: par exemple, le mouvement est une faculté dont la

même ni esprit ni matiere ; ni matiere, en ce qu'elle est distincte de la matiere, puisqu'elle la conduit, la conserve, lui fait éviter tout ce qui pouroit lui nuire, rechercher ce qui lui est utile & nécessaire ; ni esprit, en ce qu'elle n'a aucune des qualités, des propriétés de l'esprit ou de l'ame dont l'homme est doué, puisqu'elle n'est point susceptible intérieurement & par elle-même de penser, refléchir, raisonner, agir en conséquence, ne nous en donnant aucunes preuves extérieures autres que celles qui, comme je l'ai déja dit, tendent à la conservation, à la conduite de la matiere organisée. L'instinct borné, renfermé, dépendant de la matiére organisée, propre à la matiere organisée, ne subsistera qu'autant que l'organisation de la matiere subsistera ; l'organisation cessant, l'instinct cessera d'exister. L'esprit au contraire n'a nul besoin de la matiere pour subsister : ce qui pense dans l'homme n'est ni borné,

matiere est susceptible ; on ne pouroit pas dire cependant que le mouvement est matiere, mais seulement une faculté propre à la matiere : la pensée est une faculté de l'ame, elle n'est cependant pas l'ame : il en est de même de l'instinct, il est une faculté uniquement propre à la matiere organisée par le Créateur.

ni entierement renfermé par la matiere ; cet être indépendant existera toujours indépendamment de la matiere & hors la matiere, telle est sa nature de création. L'instinct peut être ce que le toucher est à un instrument de musique, qui rend des sons, des accords plus ou moins harmonieux, plus ou moins gracieux, que l'instrument est bien ou mal organisé ; plus graves, plus aigus, plus consonnans, plus dissonans, suivant & selon la maniere & la position des doigts qui le touchent, ou des corps qui l'aprochent. L'instinct enfin dans le particulier est un effet immédiat & nécessaire de la Providence qui agit sur la matiere organisée, conformément à ses loix & à ses desseins : il est en général ce souffle de vie dans la matiere organisée de la brute comme de l'homme, qui n'est homme cependant que parce qu'à cette matiere organisée est uni un esprit, une ame, un être pensant qui le distingue, sans lequel la matiere organisée, ainsi qu'elle est dans l'homme, pouroit vivre, pouroit être en mouvement ; sans lequel à la vérité il ne pouroit pas être un homme, un homme pensant, parce que faute de cette qualité il seroit semblable la brute, borné comme elle au seul instinct, & réduit à la même destinée.

La brute n'étant que la matiere seulement organisée, il ne lui a fallu que l'instinct, la seule chose nécessaire pour sa conservation & pour la conduire, tant que l'harmonie des organes subsistera. L'homme au contraire créé & composé de deux substances, de la matiere & d'un être tout spirituel, il a été de la bonté & de la sagesse du Créateur de lui avoir donné deux guides; l'instinct pour guider chez lui la matiere, l'avertir de tous ses besoins, veiller à sa conservation; la raison, comme ayant dans lui autre chose que matiere, l'être spirituel. La bête donc comme toute matérielle n'a qu'un guide, l'instinct. L'homme composé d'esprit & de matiere en a deux, la raison & l'instinct. Si l'homme réellement n'eût été que de la même nature des bêtes, s'il n'avoit pas une autre destinée, si le but du Créateur en le formant, n'avoit été que de le borner à la terre, comme les autres animaux, inutilement lui auroit-il donné pour guide la raison; l'instinct seul lui auroit suffit comme à eux. Donc puisque Dieu qui ne crée rien inutilement, a donné à l'homme, outre l'instinct, l'usage de la raison, il s'ensuit nécessairement qu'il est d'une autre nature que les bêtes, qu'il a une autre destinée qu'elles, & que le Créateur en le formant, a eu un autre but, un autre dessein qu'il n'a eu, lorsqu'il les a créées. Ce ne sont pas-là les conséquences des raisonnemens de M. Rousseau, ses réflexions vont & pénétrent bien au delà. Non content d'avoir dépouillé l'homme de la raison, en le dépouillant des dons surnaturels, il prétend encore le faire sortir des mains de la nature, privé même de la faculté qu'il accorde aux autres animaux. L'homme non-seulement selon lui n'avoit point de raison dans son état d'origine; il n'avoit pas même d'instinct. Qu'on m'explique ce que peut être un être privé de raison & d'instinct; ce sera l'homme de M. Rousseau. Ce n'est pas tout encore; le plus extraordinaire, & ce qu'on ne comprendra pas aisément sans quelque commentaire, c'est que dans le moment qu'il refuse à l'homme les seules marques distinctives d'un être vivant, il lui supose de la réflexion & la faculté d'agir en conséquence. Laissons-le lui-même s'expliquer : le phénomene en en ſera plus beau, étant dans tout ſon jour.

» Les hommes (*dépouillés des dons* » *ſurnaturels*) diſperſés (1) parmi les » animaux, obſervent, imitent leur in- » duſtrie, & s'élévent ainſi juſqu'à l'inſ- » tinct des bêtes, avec cet avantage que » chaque eſpéce n'a que le ſien propre, » & que l'homme n'en ayant peut-être » aucun * qui lui apartienne, ſe les apro- » prie tous. » Les hommes donc diſ- perſés parmi les animaux, ſans raiſon, » peut-être ſans inſtinct, obſervent & » imitent leur induſtrie. » Pour obſer- ver & imiter, il faut réfléchir; pour ré- fléchir, il faut qu'il y ait quelque choſe dans nous qui réfléchiſſe, qui nous porte à imiter. Ce ne ſera point inſtinct, ce ne ſera point raiſon; que ſera-ce donc? Quel nom, M. Rouſſeau, donnerez- vous à cette cauſe qui agit ſur nous, & dans nous, qui nous porte à obſerver & imiter? C'eſt un avantage donné par la nature « à l'homme, n'ayant peut- » être point d'inſtinct, de s'aproprier » tous ceux des autres eſpéces. » Je ſçai bien que faire ſon propre du bien d'au- trui eſt un avantage permis ou condam-

(1) P. 13.

* Que de modeſtie dans M. Rouſſeau.

nable, ſuivant les circonſtances. De quelle eſpéce eſt l'avantage de votre ſupoſition ? Vous nous le direz peut-être. En attendant nous allons paſſer outre.

On ne niera pas à M. Rouſſeau que l'induſtrie naturelle à l'homme n'ait pu être la mere de la moleſſe & de la nonchalance ; mais on ne conviendra pas avec lui que ce ſoit-là ſa fin principale. Le mauvais uſage & l'emploi déplacé, rendent ſouvent mauvais ce qui eſt bon par lui-même. Les alimens ſont néceſſaires pour ſoutenir l'homme ; pris en trop grande quantité, ils occaſionnent ſouvent la mort. Conclura-t-on de-là qu'il ne faut point prendre d'aliment ? qu'ils ſont mauvais ? On en conclura tout au contraire que les alimens par eux-mêmes bons & néceſſaires, n'ont cauſé la mort que par le trop & par l'excès qui eſt réellement un mal. L'induſtrie étoit néceſſaire à l'homme pour ſupléer à ce qui lui manquoit du côté de la nature, pour remédier aux beſoins contre leſquels elle ne l'avoit pas prémuni ; c'eſt un preſent que cette même nature lui a fait pour le dédommager au centuple de ce qui lui manquoit, & de ce qu'elle avoit abondamment fourni aux autres eſpéces ; c'eſt en quelque ſorte chez lui une ſeconde nature, qu'on pouroit dire ſubordonnée à la premiere, réglée, miſe en uſage à propos. L'homme avec elle a tout ſon néceſſaire, ne manque de rien : mais elle ne lui a été nullement donnée pour le ſuperflu. Qu'on crie tant qu'on voudra contre lui, on aura raiſon : je dirai même qu'il eſt vraiment dans l'induſtrie, l'ennemi de la nature ; qu'il ôte la force & l'agilité de l'homme ; qu'il eſt la ſource de bien des maux. Crier contre l'induſtrie en général, en tant qu'induſtrie, ce n'eſt pas avoir du diſcernement, c'eſt crier contre la nature elle-même.

Les beſoins qui de tous côtés ont attaqué l'homme après ſa chûte, l'ont mis pour ſa propre conſervation dans la dure obligation d'y chercher des remédes ; cette obligation a produit la néceſſité, la néceſſité l'induſtrie. Les hommes ſe ſont multipliés, avec eux les beſoins, non pas tant à la vérité par raport à chaque individu en particulier, que par raport à toute l'eſpéce en général. Telle partie de terrein a pu ſuffire à dix hommes pour y trouver leur nouriture, & de quoi ſe mettre à l'abri, s'enſuit-il de-là qu'elle poura ſuffire à cent ? non : il a donc falu, vu la multiplicité, défricher, pour trouver dans le ſein de la terre des reſſources qu'elle ne fourniſſoit pas aſſez abondamment d'elle-même. Tel ne ſe ſervoit que de branches que ſa main robuſte rompoit aiſément, qui n'en trouvant plus, a été obligé par la néceſſité d'inventer un inſtrument pour attaquer le corps de l'arbre; ainſi du reſte. Qu'on mette aux priſes ſouvent un homme deſtitué, ſi vous le voulez, de ces machines prétendues, mais robuſte, avec un ſauvage, mais plus foible de tempérament, nous verrons bientôt ſi la néceſſité de ſauver ſon individu, n'obligera pas, peu à peu, notre ſauvage à devenir induſtrieux; preuve que l'induſtrie eſt dans la nature même de l'homme, & que l'abus de cet avantage eſt ſeulement dans la dépravation de ſon cœur, & non dans ſa nature.

» Si la nature (2) nous a deſtinés à » être ſains, j'oſe preſque aſſurer, » *dit M. Rouſſeau*, que l'état de réflexion eſt un état contre nature, & » que l'homme qui médite eſt un animal dépravé. » Que prétend M. Rouſſeau, en tirant d'un principe particulier des conſéquences auſſi générales? Quel eſt ſon but? Que veut-il dire? D'un côté la réflexion & la méditation

(2) P. 22.

n'eſt-elle utile & néceſſaire à l'homme que pour la ſeule conſervation de ſon individu? Certes il n'en a pas même beſoin, puiſque la bête ſans cette réflexion & cette méditation y veille auſſi ſûrement que l'homme. La réflexion & la faculté de méditer n'étant donc nullement néceſſaires à l'homme pour conſerver chez lui l'être matériel, le ſeul inſtinct lui ſuffiſant comme à la brute, d'ailleurs ne s'étant point donné ces facultés, & le Créateur n'ayant rien donné inutilement à la créature, il en réſulte néceſſairement qu'il y a chez l'homme un autre être que le matériel pour la régle & la conduite duquel les facultés de réfléchir & de méditer ont été données à l'homme, comme faiſant le propre, le caractére, & partie de cet être qui penſe, réfléchit & médite en lui; au lieu que n'y ayant dans la bête rien que de matériel, l'inſtinct ſeul a dû lui ſuffire; à moins que M. Rouſſeau ne prétende, ſans aucune exception, que tout animal qui réfléchit, qui médite conformément à ſa qualité d'agent raiſonnable, d'agent libre, comme doué d'une ame ſpirituelle, dégagée de toute matiére, eſt dans l'ordre de la nature un animal dépravé, un être contre nature, un vrai monstre enfin : mais en ce cas il auroit la bonté de nous dire dans quelle langue il a puisé l'art de faire de pareilles apologies. D'un autre côté, si par cet état de réflexion il entend les précautions souvent inutiles, quelquefois même dangereuses que nous prenons mal à-propos pour nous conserver une santé à laquelle la nature nous avoit destinés, précautions qui ne sont que le fruit d'une fausse réflexion ; qu'il s'explique, on l'entendra.

N'admettre dans la nature de l'homme que deux sortes de maladies naturelles, l'enfance & la vieillesse ; rendre la société résponsable de tous les autres genres de maladies, ainsi que fait M. Rousseau, c'est ne pas connoître la nature actuelle de l'homme. Tout homme sauvage ou civil, porte naturellement dans lui, depuis le premier desordre, la source, le germe de toutes les maladies possibles. Comme condamné à la mort, le corps de l'homme par sa constitution peut varier selon les climats, les intempéries de lair, les différens accidents, tous très-naturels, indépendamment d'aucunes sociétés : un air plus raréfié ou plus condensé va sur le champ aporter de la variation dans l'ordre des parties qui le composent ; variation plus ou moins grande que ces parties seront plus ou moins affectées ; variation occasionnée encore par le peu ou le trop de transpiration, par de mauvaises sécretions, par une disposition naturelle à recevoir avec trop d'abondance les corps hétérogênes & putrides que l'air charie : ces corps portés avec l'air par la respiration dans le poumon, du poumon au cœur, du cœur distribués dans les arteres, des arteres dans les veines, se mêlent avec le sang, y séjournent, s'y corrompent, & deviennent nécessairement un levain qui par la suite met toutes les liqueurs en fermentation, augmente leur pesanteur, & les porte d'autant plus à se corrompre, qu'il diminue l'activité des esprits animaux. Cette activité naturelle des esprits animaux une fois rallentie & diminuée, il arrive qu'ils ne peuvent plus comme auparavant se débarrasser des superfluités qui les surchargent, ou s'ils le font, ce ne sera qu'avec peine & en desordre ; de là des tiraillemens, des secousses dans toutes les parties de la machine, secousses si violentes quelquefois qu'elles la détruisent pour toujours.

J'avouerai cependant que souvent notre ſenſualité, notre délicateſſe, nos excès nous cauſent bien des maux que nous n'éprouverions pas; excès qui occaſionnent dans nous la fermentation du germe de mort, excès inconnus aux bêtes, en cela plus raiſonnables que nous, en cela moins infirmes; excès de l'homme civil à la vérité, & non de la ſociété, qui comme les intemperies de l'air, les différentes conſtitutions de tempérament & tous les autres accidens, peuvent bien être la cauſe occaſionnelle des maladies de l'homme, mais jamais la cauſe naturelle & originelle, qui ne peut être ailleurs que dans ce germe, & ce levain de mort, deſtructeurs de ſes parties animales, & que l'homme depuis ſa chûte nourrit toujours en lui. En effet, combien d'enfans meurent ſans avoir jamais uſé de la vie civile, avant même d'entrer dans le monde? Mais, dira-t-on, ils tiennent leur mauvaiſe conſtitution de leurs parens qui vivent dans la ſociété. Je ſoutiens, moi, que proportion gardée il en meurt autant chez les ſauvages & chez les autres animaux que parmi les hommes civils. M. Rouſſeau me répondra qu'à l'égard des enfans qui meurent avant d'avoir uſé de la vie civile, ou parmi les ſauvages

» la

» la nature (3) en use comme la loi de (3) P. 14.
» Sparte avec les enfans des citoyens ;
» elle rend forts & robustes ceux qui
» sont bien constitués, elle les conser-
» ve, & fait périr les autres. » Mais pourquoi, dirai-je, voulez-vous que cette nature n'ait ce droit qu'à l'égard des enfans? pourquoi ne voulez-vous pas qu'elle fasse périr les hommes vivant dans la société civile ou sauvage, dans un âge plus ou moins avancé, suivant ses desseins, & selon qu'il lui est le plus avantageux, conformément à ses loix? Preuve donc que tous les hommes, sans distinction, ont dans chacun d'eux un principe de mort, de destruction, & par conséquent de toutes les maladies possibles; principe très-naturel, indépendant de la société, qui fermente chez eux plus ou moins dans un tems, ou dans un autre; plus tôt chez celui-ci, plus tard chez celui-là, suivant les occasions qui se rencontrent ; occasions néanmoins toujours disposées & préparées par la nature avec sagesse & prudence.

» La nature traite (4) tous les ani- (4) P. 25.
» maux abandonnés à ses soins avec une
» prédilection qui semble montrer com-
» bien elle est jalouse de ce droit. »

Donc l'homme, fait conclure M. Rousseau, ayant cessé de s'abandonner à ses soins, a justement mérité que, si la nature ne l'a pas abandonné tout-à-fait, elle en ait pris un soin bien moins particulier que des autres.

Il est vrai que la nature semble toujours prendre plus de soin des animaux qui ne paroissent confiés qu'à elle seule; mais pourquoi cela nous paroit-il ainsi? En voici la raison; la nature dans ceux-ci agit plus à découvert & par elle-même, au lieu que dans ceux-là elle agit plus en secret, quoique non moins surement. Les uns nous paroissent conservés par les seuls soins de la nature, abandonnés qu'ils y sont; les autres se conservent par les qualités & les facultés que cette même nature leur a accordées, par des ressources qu'elle a voulu leur être particuliéres. Ce sera toujours la même nature qui aura pourvu à la conservation des uns & des autres; ce sera toujours une suite des effets de la même Providence qui veille également sur toutes ses créatures.

Au premier coup d'œil, l'homme, du côté de l'animal, est celui de tous qui paroit le plus abandonné de la nature *: les autres animaux ſont par ſes uniques ſoins garantis des intempéries de l'air, des rigueurs des ſaiſons & des climats, par des peaux velues, des toiſons, des plumages. L'homme ſeul, nud & ſans aucune défenſe naturelle, y eſt exposé; les autres animaux ſont tous, ſuivant leur eſpéce, pourvus par elle d'armes offenſives & défenſives : les uns ont les cornes, les autres les griffes; ceux-ci la gueule, ceux-là les pieds; celui-ci une peau dure, celui-là des écailles; chacun d'eux a & porte par-

* Cujus (hominis) cauſâ videtur cuncta alia genuiſſe natura magnâ & ſævâ mercede contra tanta ſua munera; ut non ſit ſatis æſtimare, parens melior homini, an triſtior noverca fuerit. Ante omnia unum animantium cunctorum alienis velat opibus : cæteris varie tegumenta tribuit, teſtas, cortices, coria, ſpinas, villos, ſetas, pilos, plumam, pennas, ſquamas, vellera. Truncos etiam arboreſque cortice, interdum gemino, à frigoribus & calore tutata eſt. Hominem tantum nudum, & in nudâ humo, natali die abjicit ad vagitus ſtatim & ploratum, nullumque tot animalium aliud ad lacrimas, & has protinus vitæ principio. *Plin. Hiſt. natur L. 7. Proem.*

Senecæ Philoſ. reſponſio.

Quiſquis es iniquus æſtimator ſortis humanæ, cogita quanta nobis tribuerit parens noſter, quanto valentiora animalia ſub jugum miſerimus, quanto velociora conſequamur, quam nihil ſit mortale non ſub ictu noſtro poſitum. Tot virtutes accepimus, tot artes, animum denique, cui nihil non eodem quo intendit momento pervium eſt ſideribus velociorem, &c. *Seneca Philoſ. de Benef. L. 2. c. 29.*

tout avec lui sa défense ; l'homme seul dénué de tout, sans secours du côté de la nature contre les attaques de ses pareils & des animaux, ne paroit être né que pour être la victime de leur férocité, & devenir leur proie. La nature fournit elle-même aux autres animaux tout ce qui est nécessaire à leur subsistance ; par-tout elle leur offre la nourriture : des pâturages pour ceux-ci, du gland, des fruits pour ceux-là, &c. l'homme seul ne la trouve nulle part, la terre abandonnée à sa fertilité naturelle n'aura pour lui que des ronces & des épines. Si quelques fruits, quelques racines s'offrent pour lui servir de nourriture, obligé qu'il sera de les partager avec les autres animaux à qui ils seront communs, il ne restera pas à son espéce le demi-quart de ce qui lui est nécessaire pour sa subsistance. Cruelle nature ! vous écrierez-vous peut-être à ce portrait, pourquoi l'homme est-il donc du nombre de tes ouvrages, si tu n'en prends pas plus de soin ? Détestable marâtre ! dans la production de l'homme, n'aurois-tu donc uniquement cherché que le plaisir de le produire, sans dessein de le conserver ? Aveugle nature ! continuerez-vous, les autres animaux ont-ils plus de perfections que l'homme pour abandonner celui-ci, & prendre tant ſoin de ceux-là? Arrêtez blaſphémateurs! ouvrez les yeux, connoiſſez mieux la nature, connoiſſez mieux l'homme : vos préventions s'évanouïront, vos plaintes ceſſeront. Non, ce n'eſt point parce que les autres animaux ſont plus parfaits, que la nature en prend elle-même un ſoin ſi particulier, & paroît aller au devant de tous leurs beſoins : ſi elle en paroit prendre un ſoin ſi particulier, c'eſt que l'homme a été créé plus parfait & plus fini qu'eux; c'eſt qu'ils ont été créés bornés au ſeul inſtinct, & qu'il ne pouvoit ſeul leur ſuffire pour remédier à tous leurs beſoins : que l'homme au contraire a été créé tel, qu'il pouvoit par lui-même trouver & s'apliquer les remédes qui pouvoient lui manquer. Ainſi tout eſt compenſé dans la nature : l'homme a la raiſon, la réflexion, l'induſtrie, qu'il s'en ſerve; avec eux rien ne lui manquera, s'il veut les employer à propos : la brute n'ayant eu en partage que l'inſtinct, faculté bornée qui ne peut s'étendre & remédier généralement à tous ſes beſoins, la nature y ſuplée par elle-même.

L'homme créé comme il étoit avec une ame toute ſpirituelle, d'un ordre bien plus diſtingué que celui des bêtes, il étoit juſte qu'en ſa qualité d'agent libre, la nature voulut qu'il tirât de lui-même le remède à tous ſes beſoins, qu'il les ſentît, qu'il les connût & qu'il pût y pourvoir ; beſoins à la vérité bien plus multipliés & bien plus difficiles à ſatisfaire & à régler depuis le deſordre du premier homme. Expoſé aux injures de l'air, ne trouvant preſque jamais ſa ſubſiſtance préſente ; ſujet aux maladies, il a fallu qu'il ait fait uſage de ſes forces, ou ſe réſoudre à périr. Comment ſe réſoudre à ce dernier parti qui violente l'amour naturel & invincible de ſon exiſtence ? La néceſſité chez lui a donc produit la réflexion, & la réflexion l'induſtrie ; par ſon ſecours il s'eſt bâti des cabanes pour ſe mettre à couvert des injures de l'air, il s'eſt forgé des armes pour ſe défendre, & attaquer les autres animaux ; par elle il les a vaincus & les a aſſujétis ; c'eſt elle qui dans leur peau lui a fait trouver un abri contre le froid ; avec elle il a fait ſortir en abondance du ſein de la terre une ſubſiſtance qu'elle paroiſſoit lui refuſer, ou au moins ne lui donner qu'à regret & insuffisamment. L'homme le plus dénué de tout en apparence, le plus maltraité de la nature, est réellement le mieux traité. Avec l'industrie employée à propos il ne manque de rien, il a tout ce qui lui faut, il est enfin le roi & le maître de toute la terre. Hommes ingrats ! de quoi vous plaindrez-vous encore ?

M. Rousseau peut tant qu'il voudra au sein de l'abondance prêcher le mépris des richesses, traiter d'inutilités les effets de l'industrie des hommes ; sans cette industrie son espece n'auroit pu subsister : si elle eût été inutile pour un particulier de l'espéce qui auroit été dépourvu de raison, elle ne le seroit jamais à l'égard de l'espéce en général, qui d'un commun accord ne se conserve que par elle. Qu'il fasse l'expérience du contraire ; qu'en nous vantant le bonheur du tems antérieur à ces inutilités, il se rende donc heureux le premier, en s'en passant s'il lui est possible. Mais M. Rousseau me répondra que cet état primitif n'est plus, qu'il n'a peut-être jamais existé, & probablement qu'il n'existera jamais. A quoi bon donc nous en parler ? Tout Ecrivain sensé ne doit écrire que pour l'uti-

lité de ses pareils. Si ces prétendues inutilités, contre lesquelles il déclame avec tant de véhémence, sont selon lui-même aujourd'hui des utilités dont il n'est plus possible de se passer, & dont il n'y ait plus moyen de se corriger, sa réflexion à cet égard sera, de son propre aveu, sans fruit & sans succès, M. Rousseau n'aura donc écrit que des inutilités à ce sujet, « dont la priva-
(5) P. 26. » tion (5) n'auroit pas été pour nous un » si grand malheur. »

» Il est clair, *continue M. Rousseau*,
(6) P. 27. » (6) en tout état de cause que le pre» mier qui se fit des habits ou un loge» ment se donna en cela des choses peu » nécessaires, puisqu'il s'en étoit bien » passé jusqu'alors: » donc il pouroit s'en passer toujours. Belle conclusion! J'ai pu me passer d'habits sous la zone torride, donc je peux m'en passer sous la zone glaciale: on sent aisément l'absurdité de pareilles conséquences. Je conçois bien que l'homme ait pu se passer d'habillement & de logement autant de tems qu'ils ne lui ont pas été nécessaires, & M. Rousseau ne concevra pas comment, ni pourquoi il se les a donnés, dès que le sentiment les lui a rendus indispensables. « Il s'en étoit bien

» passé jusqu'alors, donc il pouvoit » bien toujours s'en passer, » répondra-t-il. Quoi ! M. Rousseau ne sçait pas qu'un tems n'est pas un autre ; qu'il fait beau aujourd'hui, qu'il pleut demain ; que ce qui étoit inutile dans un tems, dans un lieu, sous un climat, est d'un usage forcé, à raison des circonstances oposées. Tant que l'homme a été dans l'ordre, tant qu'il n'a point changé envers son Créateur, ce qui dura bien peu, autant de tems il s'est passé d'habits & de logement : cela est vrai, parce que toute la nature étoit aussi pour lui dans l'ordre, dans sa perfection ; la terre, les climats, rien n'avoit changé. L'homme change vis-à-vis du Créateur, il tombe volontairement dans le désordre, aussi-tôt tout change pour lui ; la terre ferme son sein ; l'inégalité des saisons succéde à un printemps continuel ; l'air, de pur qu'il étoit, se charge de nuages épais ; le fougueux aquilon, pour la premiere fois, déclare la guerre au zéphire bienfaisant ; & s'il reste encore quelqu'ordre parmi les élémens ; si toute la nature ne rentre pas tout à coup dans le cahos & le néant, d'où elle avoit été tirée, ce n'est que par une suite de la bonté du Créateur, qui en voulant & devant punir l'homme, n'a pas voulu le perdre pour toujours. Par-là, M. Rousseau, concevez l'utilité actuelle & indispensable à l'homme de tout ce qui lui auroit été inutile, s'il fût toujours resté dans l'ordre. Pour nous prouver que ce sont des choses peu nécessaires, ne venez plus nous donner la futile raison que l'homme *s'en étoit bien passé jusqu'alors.*

D'ailleurs, M. Rousseau est-il plus sage, plus prudent que la nature même ? Sur sa simple parole traiterons-nous d'inutilités ce que tous les jours sous nos yeux elle autorise & fait elle-même comme utilité dans les animaux ? N'est-ce pas elle qui a donné à chacun d'eux des vêtemens, des retraites, des grottes, des terriers suivant leur espéce, & les climats qu'elle leur avoit destinés ? Les choses que la nature trouve utiles & nécessaires aux animaux, seront chez M. Rousseau des inutilités, des choses peu nécessaires pour l'homme. Qu'il nous répete tant qu'il voudra que *cela est clair en tout état de cause*, ce prétendu beau jour qui l'éclaire, ou plutôt ce faux jour qui l'égare, auprès de la vérité, n'est pour moi qu'une nuit la plus obscure.

Nous voilà enfin débarrassés de l'homme physique de M. Rousseau. Passons à son homme moral : peut-être aura-t-il bien voulu par complaisance régler son pinceau sur notre délicatesse ; peut-être aura-t-il temperé par la douceur du coloris de ce second tableau de l'homme, la dureté des ombres du premier ?

» Tout animal (7) a des idées puisqu'il a des sens, » premiere observation de M. Rousseau. Tout animal en général a des sens, le principe est certain : donc tout animal a des idées ; la conséquence est pour le moins douteuse. Vous aurez beau me dire que la question n'en fait pas une ; chez vous, d'accord ; mais chez moi elle en sera toujours une. Je vois bien l'effet intérieur que les sensations produisent chez l'homme, parce qu'il me le communique extérieurement, & qu'étant homme, je juge de ce qui se passe dans mes pareils, par ce qui se passe chez moi ; mais la bête ne me communiquant en aucune maniére son intérieur, n'en pouvant point faire de comparaison, n'étant point de son espéce, je conçois bien qu'elle a des sensations particulieres à elle, puisque je vois qu'elle a extérieurement des sens ; mais que l'effet de ses sensations

(7) P. 31.

occasionne en elle des idées, c'est ce que je ne peux sentir ni apercevoir, & ce dont je doute très-fort, parce que les sens peuvent bien apartenir à la matiere organisée, à l'être purement matériel, & que les idées ne peuvent être que le propre d'un être spirituel, ou la matiere pouroit penser, ce que je nie. D'ailleurs n'est-ce seulement que parce que l'homme a des sens, qu'il a des idées? * J'aimerois presque autant dire que qui dit sens, dit idées, & que qui dit idées, dit sens. En ce cas, qui distinguera alors l'homme d'avec la brute? Ce ne sera point une ame spirituelle, un être pensant en lui, susceptible de raison, de réflexion, de méditation. De pareils détails sont pour M. Rousseau des inutilités de peu de conséquence. Sera-ce sa qualité d'agent libre? la chose est encore douteuse. Il y a bien des (8) » difficultés qui laissent lieu de disputer sur cette différence de l'homme » & de l'animal; on ne sçait pas encore » bien au vrai si la brute n'est pas aussi » libre que l'homme; la question peut

(8) P. 32.

* Je sçai que c'est le sentiment de Locke, de Neuton, & de plusieurs Philosophes modernes, sentiment que je me propose d'éclaircir dans une autre occasion.

» souffrir contestation. » Que sera-ce donc? le voici, « la faculté de se perfectionner que l'homme a & que la » bête n'a certainement pas : » heureusement elle est trop évidente, cette distinction, pour que M. Rousseau ait pu la passer sous silence, heureusement, dis-je, pour nous ; car si elle ne fût pas venue à notre secours, l'arrêt étoit prononcé, nous étions tous des brutes ou de pures machines. Aussi M. Rousseau nous donne-t'il cette distinction comme la plus certaine, ou plûtôt comme l'unique. Quoi que l'on dise, raprochons la premiere distinction, toute douteuse qu'elle est, qui consiste dans la qualité d'agent libre, avec la seconde qui consiste dans la faculté de se perfectionner, & voyons si l'une ne s'opose pas nécessairement à l'autre.

Tout être ayant par lui-même la faculté de se perfectionner, est de toute nécessité & de toute conséquence un agent libre. La liberté est une perfection ; tout être susceptible d'une perfection par lui-même, peut-être susceptible d'une autre perfection ; donc tout agent ayant par lui-même la perfection d'être libre, a la faculté d'aquerir d'autres perfections. L'usage de la liberté n'est qu'une suite & un effet du raisonnement, vrai ou faux; donc qui dit un être libre, supose nécessairement & conséquemment un être raisonnable. Les brutes ne donnent aucunes preuves de leur raison; donc on ne peut pas dire qu'elles soient libres, qu'au préalable on ait une connoissance & une certitude de leur raison. Tout être créé libre a la faculté de se perfectionner, parce que l'usage de la liberté ne consiste dans la créature que dans le choix du mieux ou de ce qui ne l'est pas, du plus parfait ou du moins parfait. Les brutes, les enfans, les imbécilles, les fous, les furieux, &c. n'ont point la faculté de se perfectionner; donc ils ne sont pas libres, parce que la faculté de se perfectionner n'est qu'un résultat de la liberté, & la liberté une conséquence de la raison. Dès-lors que vous pouvez suposer les animaux libres, vous les suposez ayant la faculté de se perfectionner; dès-lors que vous leur refusez la faculté de se perfectionner, vous leur refuserez la qualité d'agens libres: suposez l'une, vous suposerez l'autre; otez l'une, vous les oterez toutes deux.

La faculté qui distingue l'homme d'avec la brute est donc, selon M. Rousſeau, la faculté de ſe perfectionner. En cela nous ſommes d'accord, parce qu'il m'accordera de ſon côté que pour ſe perfectionner, il faut être agent libre; que pour être agent libre, il faut être doué d'une raiſon, qualité que n'a pas la brute. Mais ce en quoi nous ne ſerons pas aiſément d'accord, le voici: l'idée de perfection préſente naturellement à l'eſprit des gens ſenſés & raiſonnables un bien plus parfait que le défaut de perfection. On ne conçoit ordinairement l'imparfait que par le parfait, les ténébres que par la lumiére, le néant que par l'être. Tout ce qui tend enfin à une perfection, eſt une perfection lui-même; par conſéquent nous concevons que la faculté de ſe perfectionner, tendante par elle-même à la perfection, en eſt une réellemment: point du tout, nous nous trompons; chez M. Rouſſeau cette faculté eſt dans l'homme la plus grande de toutes les imperfections, à moins que vous ne vouliez décorer du nom de perfection une faculté dont l'uſage, en retirant l'homme de ſon état primitif, ne le diſtingue de la brute qu'en le mettant cent-fois au deſſous, & le rendant cent fois plus malheureux.

Je demande à M. Rouſſeau quel a

été le but du Créateur, en donnant à l'homme la faculté de se perfectionner? Il me répondra sans doute que cela a été pour le distinguer des bêtes; mais étoit-ce en l'élevant au dessus, ou l'abaissant au dessous? Si c'étoit pour le mettre dans un état au dessous, il se seroit bien passé de la distinction; il valoit mieux pour lui qu'il le laissât tel qu'il étoit, sans aucune faculté distinctive. Etoit-ce pour le mettre dans un état plus élevé qu'elles? Alors le Créateur s'est bien mécompté dans ses idées, ou plus vraisemblablement suivant celles de M. Rousseau, autant valoit encore mieux le laisser dans son premier état, qui tout triste qu'il étoit, lui auroit assuré un bonheur dont l'a privé mal-à-propos cette faculté distinctive, en l'en retirant à force de temps, & qui d'heureux l'a rendu malheureux. Ainsi, de quelque maniere que le Créateur ait refléchi en faisant à l'homme ce present, il auroit toujours mal combiné. Qu'il est triste pour nous, M. Rousseau, que vous n'ayez pas présidé à notre création, vous vous seriez bien gardé de nous faire un pareil present.

Le bien par lui-même ne peut jamais être un mal de sa nature. Le mal en tant

tant que mal sera toujours un mal ; le parfait est un bien plus grand que ce qui ne l'est pas; une perfection ne peut pas être une imperfection par elle-même ; ce n'est pas enfin la faculté de se perfectionner qui est un mal chez l'homme, dont l'usage ne peut être que bon & louable, mais bien ce que son son entendement & son jugement dépravé retranche, ajoute, ou change de cet usage contre l'ordre. L'homme, M. Rousseau, a aporté de son origine non seulement la faculté distinctive de se perfectionner, mais encore celle de se détériorer ; il a le choix & l'usage de ces deux facultés ; choix en quoi consiste particuliérement sa liberté. Otez lui une des deux facultés, il ne sera plus en quelque sorte libre, il n'y aura plus pour lui de choix à faire, par conséquent plus de liberté ; facultés inconnues chez les brutes, étant toujours ce qu'elles ont été, sans pouvoir ni se perfectionner ni se détériorer. M. Rousseau n'auroit pas fait une si triste apologie de l'homme actuel, il n'auroit pas peint avec de si noires couleurs la faculté distinctive qu'il a de se perfectionner, il ne l'auroit pas rendue responponsable de tous les maux survenus à

l'homme, qui ne sont que les suites & les effets de celle qu'il a de se détériorer, s'il ne les avoit pas mal à propos confondus ensemble. Que Monsieur Rousseau donc sur ce faux principe desire son prétendu état primitif, qui ne le distingueroit en aucune maniere de la
(3) P. 34. bête, « état dans lequel (3) il couleroit » des jours heureux & tranquilles; » qu'il reprouve cette noble faculté de se perfectionner, qui faisant connoître l'homme raisonnable, ne l'a selon lui rendu que plus malheureux, aucuns de ses lecteurs ne seront tentés de marcher à quatre pieds, quelqu'avantage qu'il supose à cet état au dessus du nôtre, d'abandonner cette noble faculté de se perfectionner; c'est un présent trop précieux & de trop de conséquence à l'homme pour le reprouver ainsi sur la simple parole de M. Rousseau. Qu'il pousse de longs regrets sur la perte de l'imbécillité dans laquelle il supose l'homme naturellement né; pour rentrer dans cet heureux état, qu'il s'en fasse une étude particuliere; qu'il y courre de toutes ses forces, personne ne s'y oposera.

(9) P. 35. » Quoi qu'en disent (9) les moralis» tes, l'entendement humain doit beau» coup aux passions qui d'un commun

» aveu lui doivent beaucoup aussi. » M. Rousseau se trompe encore s'il n'admet pas quelques exceptions. Je lui prouverai par exemple, que chez lui l'entendement ne doit pas seulement beaucoup, mais tout aux passions, & que ses passions ne doivent rien à son entendement. Il est vrai qu'il n'y a point de régle si générale qui n'ait ses exceptions. M. Rousseau est si particulier dans ses idées, qu'il peut très-bien être une exception à la régle : pour nous qui n'avons point l'avantage comme lui de pouvoir être exceptés, nous croyons tout le contraire de ce qu'il vient de nous avancer ; nous pensons que l'entendement humain ne doit rien aux passions & que les passions lui doivent tout. Peut-être dans le pays de M. Rousseau est-ce la mode que les chevaux conduisent le cocher, ou au moins qu'ils se conduisent réciproquement ; dans le nôtre il n'en est pas de même, les chevaux doivent tout à la main qui les guide ; si par malheur cette main est sans habileté, les chevaux naturellement capricieux, n'étant plus retenus s'emportent & entraînent la voiture & le cocher ; tous se précipitent. L'homme est la voiture ; les passions les chevaux qui la traînent & l'entendement le cocher qui les conduit. Dire qu'ils se doivent réciproquement tout l'un à l'autre, c'est comme si on disoit que le cheval sert autant à conduire le mords, comme le mords sert à le conduire.

Les passions n'ont pas été données à l'homme, parce qu'il étoit doué d'entendement ; mais l'entendement lui a été donné, parce qu'il avoit été créé avec des passions ; passions nécessaires à tout être existant & vivant sur la terre pour veiller à sa conservation. M. Rousseau m'objectera peut-être que si cela est ainsi, les bêtes ont des passions ; donc elles ont un entendement pour les régler, par conséquent de la raison : fausses conséquences. La bête a des passions, cela est vrai, elle ne peut pas même s'en passer ; elle n'a point d'entendement, cela est encore vrai, parce qu'elle n'a aucun besoin d'en avoir. La bête n'étant point libre par elle-même, ses passions sont toujours bornées à son nécessaire ; dès-lors l'instinct lui suffit : au lieu que chez l'homme, en sa qualité d'agent libre, les passions n'ayant aucunes bornes, l'entendement lui a été donné de toute nécessité pour les régler, les réprimer & les restreindre.

Il est probable que le premier homme avoit, lors de sa création, reçu du Créateur toutes les connoissances & les lumieres possibles. Par sa chute, obscurcies dans lui & ses descendans, pour ne pas dire perdues, il ne lui resta plus que la faculté de pouvoir encore les retrouver, mais avec bien plus de peine, de recherches, de soins, & non pas encore autant qu'il le voudroit, mais autant que son besoin & celui de son espéce exigeroit qu'elles se développassent. Son état de perfection avant sa chute devint pour lui après sa chute un état de nécessité, qui en lui faisant vraiment sentir des besoins, lui a apris à en chercher avec ardeur le reméde. Sujet aux maladies, à la mort, tout ayant changé dans la nature, la terre pour lui d'abondante & de fertile qu'elle étoit d'elle-même, devenue par la suite avare & comme stérile, il a été obligé pour subsister, de la forcer pour ainsi dire par ses sueurs & ses travaux à lui fournir son nécessaire : de-là l'agriculture & les autres découvertes qui ne devoient à la vérité se déveloper que par succession de tems

& autant que la néceſſité l'exigeroit & à proportion des beſoins des hommes. La terre ainſi ſcellée pour l'homme après ſa chute, on conçoit aiſément que l'agriculture a dû être, & a été en effet la premiere découverte, comme la plus néceſſaire, & ſans laquelle l'eſpéce humaine, devant ſe multiplier, n'auroit pu ſe perpétuer. Vous n'y êtes pas ; M. Rouſſeau va vous déſabuſer, il va gravement vous dire que « l'agriculture (1) ne ſert pas tant à tirer de la terre les alimens qu'elle fourniroit bien ſans cela, qu'à la forcer aux préférences qui ſont le plus de notre goût. » Ne sembleroit-il pas que M. Rouſſeau, par un ſecret inconnu juſqu'alors, va à l'égard de l'agriculture, nous indiquer des opérations préférables à celles uſitées avec ſuccès dans tous les ſiécles ? Nous autres gens tout ſimples & bons humains avons cru juſqu'ici qu'il nous falloit autre choſe pour vivre que ce qui pouvoit ſimplement flatter le plus notre goût ; qu'il nous falloit des alimens ſolides : & le moyen d'en avoir ſans l'agriculture ? Stupides que nous étions, allons à M. Rouſſeau, il nous démontrera que nous cultivons & ſemons *gratis*, que nous ne

(1) P. 41.

sçavons en cela ce que nous faisons ; que l'agriculture ne sert qu'à forcer la terre à nous donner les préférences qui sont le plus de notre goût, & non pas à en tirer des alimens qu'elle fourniroit bien sans cela. O l'heureuse découverte ! Que n'êtes-vous né, M. Rousseau, des milliers d'années plutôt ; que de sueurs & de fatigues votre observation auroit épargnées à nombre de malheureux, depuis le commencement du monde. Dieu a dit, l'homme mangera son pain à la sueur de son front, la terre pour lui n'aura que des ronces & des épines : & moi, répond M. Rousseau, je dis que la terre lui fournira d'elle-même les alimens nécessaires. Que d'observations inutiles sur la culture des terres, sur le soin & la maniere qu'on doit prendre pour l'obliger à nous fournir ces mêmes alimens qu'elle nous fourniroit sans cela. Que de tems perdu ! non pas à cultiver la terre, M. Rousseau, ne le croyez pas ; mais à lire vos refléxions. Telle précieuse que soit votre observation, vous nous permettrez de n'en pas faire usage ; on n'essaie pas volontiers ni impunément de mourir de faim : libre à vous cependant d'en faire telle épreuve que vous jugerez à propos. Pour nous, en attendant quelqu'autre Obſervateur plus ſenſé que vous, nous cultiverons bonnement nos terres, ſuivant l'ancienne & utile coutume.

Laiſſez toujours M. Rouſſeau ſupoſer ce qui eſt en queſtion, ne lui demandez aucunes preuves de ce qu'il avance, croyez tout ce qu'il vous dit, gardez-vous de le contredire en rien, ſon ouvrage eſt accompli ; accordez-
(2) P. 46. lui par exemple « les hommes (2) er-
» rans çà & là dans les forêts, ſans
» parole, ſans induſtrie, n'ayant nulle
» correſpondance enſemble, aucun be-
(3) P. 47. » ſoin d'en avoir, ſans domicile (3),
» ſans propriété, logés au haſard, les » mâles & les femelles s'uniſſant fortuitement ſelon la rencontre, l'occaſion, le deſir, ſe quittant avec la » même facilité, la mere ne reconnoiſſant plus ſon enfant, ni l'enfant » ſa mere (*encore moins ſon pere*) dès » qu'il a pu s'en paſſer ; » laiſſez-le, dis-je, ſupoſer tout ce qu'il voudra, vrai ou faux, alors il ne concevra ni la néceſſité des langues ni la poſſibilité de leur invention ; cela s'entend, cela eſt clair. Je ſerois plus hardi dans ce cas,

cas, j'en ſoutiendrois l'inutilité & l'impoſſibilité ; mais retorquons un moment la ſupoſition, M. Rouſſeau me permettra ſans doute auſſi bien que lui d'en faire. Qu'il me laiſſe dire que dès l'état primitif les hommes aient toujours été en ſociété, qu'ils aient eu des beſoins, qu'ils aient été en correſpondance les uns avec les autres, je ſoutiendrai alors la néceſſité des langues, & la poſſibilité de leur invention. Si M. Rouſſeau me demande des preuves de ma ſupoſition, qu'il commence par me prouver la ſienne, & je m'oblige de lui prouver la mienne; l'étoffe me manquera moins qu'à lui.

En admettant pour un moment la ſupoſition de M. Rouſſeau, admettons-en une ſeconde : « ſupoſons cette » premiere difficulté vaincue ; fran» chiſſons l'eſpace immenſe » (le trajet eſt un peu long ; qu'on ne s'étonne pas, à l'aide de quelque ſupoſition, M. Rouſſeau en viendra aiſément à bout ; il en franchiroit bien d'autres) bon gré malgré, franchiſſons donc avec lui » l'eſpace immenſe (4) qui dut ſe trou» ver entre le pur état de nature & le » beſoin des langues ; & cherchons, en » les ſupoſant néceſſaires, comment

(4) P. 49.

» elles purent commencer à s'établir.
» Nouvelle difficulté pire que la pre-
» miere. » Suposons encore cette seconde difficulté vaincue, & pour aller plus vite, sautons une douzaine de pages de supositions, & voyons ce qui en résultera. Nous verrons, non plus par supostion, mais bien réellement M. Rousseau se sauver aussi promptement
(5) p. 60. qu'il étoit venu, « tout effrayé (5) de
» difficultés qui se multiplient, & con-
» vaincu mieux que jamais de l'impos-
» sibilité presque démontrée (*par lui*)
» que les langues aient pu naître & s'é-
» tablir par des moyens purement hu-
» mains, laissant, à qui voudra l'entre-
» prendre, la discussion de ce difficile
» problême ; lequel a été le plus né-
» cessaire, de la société déja liée, à
» l'institution des langues, ou des lan-
» gues déja inventées, à l'établissement
» de la société : » Digne résultat d'un aussi beau saut ! Ce n'étoit pas en vérité la peine de franchir si lestement des immensités de tems, pour ne rien nous aprendre ; M. Rousseau auroit aussi bien fait d'en rester au tems où il étoit. Avant cependant qu'il s'échape tout-à-fait, examinons ce difficile problême dont il laisse la discussion à qui

voudra l'entreprendre ; « lequel donc » a été le plus néceſſaire, de la ſociété » déja liée, à l'inſtitution des langues, » ou des langues inventées, à l'établiſ- » ſement de la ſociété. » Je demande à mon tour lequel eſt le plus néceſſaire d'une ligne circulaire pour réunir une multitude de points, ou d'une multitude de points pour décrire une ligne circulaire ; d'un tout formé pour réunir une infinité de parties, ou d'une infinité de parties réunies pour former un tout. M. Rouſſeau ne ſent pas que ſon problême n'a point d'autre ſolution que ſon problême même ; que dès-lors qu'il ſupoſera une ſociété déja liée, il ſupoſera néceſſairement une langue déja inventée * ; que dès-lors qu'il ſupoſera une langue déja inventée, il ſupoſera néceſſairement une ſociété déja liée, également & réciproquement dépendante l'une de l'autre. Sœurs jumelles, le même inſtant les a vu naître, le même berceau les a élevées ; toutes deux ſe ſont également accrues, & ſe ſont perfectionnées à meſure, à proportion & à raiſon de la multiplicité des hommes &

* Je ne dis pas dans ſa perfection, mais dans le premier dévelopement des organes de la langue, dans la premiere articulation des ſons.

de leurs beſoins *. Tandis que nous ſommes ſur le chapitre des problêmes, profitons-en : paſſons à une autre queſtion.

(6) P. 62. » Laquelle de la vie (6) civile ou na» turelle eſt la plus ſujette à devenir » inſuportable à ceux qui en jouiſ» ſent, » demande gravement M. Rouſſeau. Qu'il me diſe donc avant tout, ce qu'il entend par vie civile & par vie naturelle. Si en entrant le plus qu'il m'eſt poſſible dans ſes idées, par vie civile il entend celle qui s'éloigne le plus de la vie des brutes ; ſi par la naturelle il entend celle qui y eſt la plus conforme, j'admettrai alors la diſtinction ; je lui répondrai d'un côté que c'eſt un bien triſte état d'être bête toute ſa vie, & que cela me ſeroit bien inſuportable, ſi dans cet état je pouvois réfléchir ; je lui avouerai d'un autre côté que la vie civile ſupoſant de la raiſon, de la réflexion à ceux qui en jouiſſent, il arrive quelquefois qu'elle peut être inſuportable à ceux qui font un mauvais uſage de cette raiſon & de cette réflexion. S'il me dit qu'il entend par vie civile celle de l'homme vivant en ſociété, & par

* Ac varios linguæ ſonitus natura ſubegit Mittere, & utilitas expreſſit nomina rerum. *Lucret.*

vie naturelle celle de l'homme vivant hors la ſociété civile, alors je lui répondrai que je ne connois rien à ſa diſtinction, parce que je penſe que toute vie civile eſt par elle-même très-naturelle, que l'eſprit de ſociété eſt dans la nature même, & que la vie naturelle, ainſi qu'il l'entendroit, ne ſeroit rien moins que naturelle, ſeroit une vie de miſanthrope, qui tiendroit plutôt de la folie ou de l'imbécillité que de la nature.

» Ce fut (7) par une Providence » très-ſage que les facultés que l'hom» me ſauvage (*c'eſt-à-dire dans ſon état* » *d'origine*) avoit en puiſſance, ne de» voient ſe déveloper qu'avec les occa» ſions de les exercer. » C'eſt donc ſelon M. Rouſſeau une Providence très-ſage qui a donné à l'homme la puiſſance de ſe perfectionner, pour le diſtinguer d'avec les brutes; c'eſt une ſuite de cette Providence de ce que ces facultés ne devoient ſe déveloper qu'à meſure des beſoins de l'homme. Providence très-ſage! quels ont été donc vos deſſeins? Quel étoit le but de cette prudente économie avec laquelle, après avoir donné à l'homme une ſi belle faculté, vous en avez réglé le dévelopement? Sageſſe infinie! à quoi tendiez vous? Mortels,

(7) P. 63.

ſoyez attentifs, l'organe de cette Providence va parler. M. Rouſſeau va vous
(8) P. 32. répondre : « Cette faculté (8) diſtinctive » *dont vous êtes doués*, eſt la ſource de » tous les malheurs de l'homme ; c'eſt » elle (*écoutez-bien*) qui l'a tiré à force » de tems de cette condition originaire » dans laquelle il couleroit des jours » tranquilles & innocens ; c'eſt elle qui » faiſant éclorre avec les ſiécles ſes lu- » miéres, ſes erreurs, ſes vices, ſes » vertus, le rend à la longue le tiran de » lui-même & de la nature. » Providence très-ſage ! nous auriez-vous donc empoiſonnés ſans le vouloir & ſans le ſçavoir ? Providence très-ſage ! auriez-vous voulu nous tromper ? ou vous êtes-vous trompée vous-même ? Nous avions toujours cru juſqu'ici que le preſent que vous nous aviez fait, étoit chez nous réellement une perfection ; & M. Rouſſeau nous aſſure qu'elle n'eſt chez nous qu'une imperfection & la ſource de toutes les autres. Providence très-ſage ! que ne nous avez-vous laiſſés plutôt ſans cette belle prérogative, « être bien-
(9) Ibid. » faiſant, (9) être généreux, qui avez le » premier ſuggéré, inſpiré à l'habitant » des rives de l'Orenoque le moyen » d'aſſurer à ſes enfans, du moins une

» partie de leur imbécillité & de leur » bonheur originel, » soyez désormais notre Providence, otez-nous promptement la faculté de nous perfectionner, assurez notre bonheur en nous remettant pour toujours dans notre premier état de bête, & faites qu'en nous ôtant la raison dont on nous a malheureusement pourvus, nous ne courions plus risque de la perdre. Paroissez M. Rousseau; qui vous arréte? venez, plus que mortel, venez nous introduire dans le sanctuaire * de cette divinité bienfaisante; que par vos généreux soins, assurés désormais d'une imbécillité à toute épreuve, nous y coulions sans cesse avec vous des jours heureux & tranquilles.

Avant d'habiter cependant le domicile du Dieu de M. Rousseau, un moment de réflexion ne seroit pas déplacé; un zéle outré conduit quelquefois plus loin qu'on ne pense & qu'on ne voudroit; une fois logés, il n'y auroit peut-être plus moyen de nous déloger. M. Rousseau a-t-il bien vu? a-t-il bien tout examiné? Notre prédicateur de l'imbécillité ne pouroit-il pas se tromper lui-même & nous tromper avec lui, lorsqu'il nous fait judicieuse-

* Bicêtre sans doute?

ment entendre qu'une Providence très-ſage, en nous donnant la faculté de nous perfectionner, n'a eu d'autre but que de nous rendre méthodiquement malheureux. Tout bien peſé, tenons-nous-en à ce que nous ſommes & à ce que nous avons : d'ailleurs il nous ſeroit impoſſible de croire une Providence très-ſage en même-tems malfaiſante ; nous aimerions mieux n'en croire aucune, ce que nous n'avons pas envie de faire. Que M. Rouſſeau ſache donc au contraire que la Providence étant ſage ne peut être que bienfaiſante, qu'elle n'eſt point réſponſable du mauvais uſage & de l'abus que la créature peut faire, & ne fait en effet que trop ſouvent, des preſens qu'elle lui a faits. Si elle a mis dans les mains de l'homme des armes, c'eſt une bonté, c'eſt un bienfait de ſa part, tant pis pour lui, s'il n'en fait pas un bon uſage ; ſi au contraire il les tourne contre lui-même, il en ſera ſeul coupable. Ce n'a jamais été, & ce ne ſera jamais par elle-même la puiſſance de nous perfectionner & la pratique de cette faculté, qui nous a rendus malheureux, & multiplié nos beſoins ; elle n'eſt point la ſource de nos malheurs, ils naiſſent de la dépravation du cœur de l'homme, de l'ufage mauvais & de l'abus qu'il fait de fa raifon. Tout ce qui a été créé eft bon & parfait ; rien de nuifible à l'homme que l'homme même ; il a été fon premier ennemi, il l'eft encore, & le fera toujours tant que fon efpéce fubfiftera. Ce n'eft point du Créateur, ce n'eft point de la Providence, ce n'eft point de la Nature qu'il tient fa dépravation, & par conféquent fes malheurs ; c'eft de lui feul : tout eft bien dans l'univers à l'exception de l'amour défordonné des chofes ordonnées ; voilà réellement le mal dans fa fource & fon principe.

Ce n'a été jufqu'ici qu'une ébauche de l'homme. M. Rouffeau va mettre la derniere main à fon chef-d'œuvre ; il va vous foutenir hardiment que « l'hom-
» me dans l'état primitif (1) avec le (1) P. 63.
» feul inftinct (*plus queftion de raifon, de*
» *faculté de fe perfectionner*) avoit tout ce
» qui lui falloit pour vivre dans l'état
» de nature ; & que dans une raifon
» cultivée il n'a que ce qu'il lui faut pour
» vivre en fociété : » donc nous avons perdu au change. Bienfaifant inftinct, divinité chérie de M. Rouffeau & de fes femblables, avec vous feul, comme les brutes, nous aurions donc eu tout, &

encore tout ce qu'il nous falloit pour vivre dans l'état de nature, & avec une raiſon cultivée nous n'avons bien juſtement que ce qu'il nous faut pour vivre en ſociété. Hé bien, M. Rouſſeau, j'aime mieux n'avoir que ce qu'il me faut pour vivre en ſociété, & avoir une raiſon cultivée, que d'avoir tout ce qu'il me faut dans votre prétendu état de nature, & être avec vous ſans raiſon, borné au ſeul inſtinct.

On revient toujours à ce que l'on aime; l'homme matériel, l'homme bête, voilà le héros de M. Rouſſeau. Selon lui, cet heureux état a été le berceau de l'eſpéce, & ſi on l'en croit, l'homme ne s'eſt détérioré & ne s'eſt d'autant plus rendu malheureux, qu'il s'en eſt plus écarté par la raiſon. Qu'on ne s'étonne donc pas ſi plein d'un zèle charitable pour ceux de ſon eſpéce, on le voit faire tous ſes efforts pour les y ramener; il les y deſire, il les y ſouhaite de tout ſon cœur, & lui tout le premier : zèle, deſirs, & ſouhaits ſuperflus ! S'il ne lui eſt pas poſſible, s'il n'a plus l'eſpérance de les y revoir un jour, au moins *meminiſſe juvat*, qu'il lui ſoit permis de faire l'oraiſon funébre d'un état « qui n'exiſte (2) » plus, *hélas* ! qui n'a peut-être jamais

(2) Préfa. p. 58.

» existé, & qui probablement n'existe-
» ra jamais; état (3) dans lequel les (3) Discours p. 63.
» hommes n'ayant entr'eux aucune sor-
» te de relation morale, ni devoirs con-
» nus, ne pouroient être ni bons ni
» méchans, n'auroient ni vices ni ver-
» tus, ni le dévelopement (4) des lu- (4) P. 68.
» miéres ni le frein de la loi; mais l'i-
» gnorance des vertus & des vices les
» auroit empêchés de bien & de mal
» faire, ils auroient été des bêtes,
enfin, c'est tout dire. O le charmant état!

Mais dira encore quelque vieil radoteur, partisan déplacé de la raison, s'il en est ainsi, à quoi donc a servi sur la terre cette fille de la sagesse; n'est-ce-pas elle qui nous éléve & nous distingue des bêtes? n'est-ce-pas par elle que nous sommes hommes? n'est-ce-pas elle qui en perfectionnant l'homme, le rendant utile, nécessaire à lui-même, à ses pareils, lui donnant la connoissance de ce qu'il est, de ce que sont les autres êtres qui l'environnent, le rend par-là digne de la fin pour laquelle le Créateur l'a formé? Comment tirant sa source de Dieu même, auroit-elle pu être contraire à ses desseins, en détériorant l'homme qu'elle devoit perfectionner?

Que me parlez-vous de raison, répondra M. Rousseau, fronçant le sourcil, elle a tout bouleversé sur la terre; « il y a
(5) P. 76. » (5) long-tems que le genre humain ne » seroit plus si sa conservation n'eût dé» pendu que des raisonnemens de ceux » qui le composent. » Oui, M. Rousseau, cela est vrai, des raisonnemens pareils aux vôtres, mais non pas de ceux de la saine raison, parce que la saine raison chez les hommes est un des principaux moyens dont le Créateur se sert pour sa conservation. Comme il a créé principalement l'homme pour être raisonnable, la raison est indispensable & absolument nécessaire pour sa conservation, parce que sans elle, l'homme ne seroit pas réellement homme, n'étant pas créatrice elle-même, par conséquent ne pouvant seule rien conserver, la conservation n'étant rien autre chose qu'une continuation de création. Dieu seul à la vérité peut conserver, parce que lui seul peut créer; cela n'empêche pas cependant que la raison & les raisonnemens des hommes (j'entends les sains) ne soient des moyens qu'employe à son gré la sagesse infinie pour la perfection & la conservation de son ouvrage; en cela ils entrent pour quelque chose dans

les desseins du Créateur ; la conservavation de l'espéce en dépend en quelque sorte, parce qu'elle est ce qui constitue le plus l'homme, & que sans elle l'homme ne pouroit être conservé, sans cesser d'être homme.

Que l'homme soit borné, comme le supose M. Rousseau, dans son état naturel au seul instinct, ou qu'il soit doué de raison, il est certain dans un cas comme dans l'autre, si on le regarde seulement du côté matériel, que le phisique de l'amour, c'est-à-dire ce penchant aveugle, indéterminé & général, qui porte un sexe vers l'autre pour se reproduire, sera toujours le premier moteur qui le fera agir dans l'union d'un sexe avec l'autre, parce que dans l'homme comme dans la bête, il est une suite de l'instinct : mais outre la matiere l'homme a de plus que la bête un être pensant, un esprit qui, uni à la matiere, dans lui est susceptible d'en recevoir les impressions ; en sa qualité d'agent libre il peut choisir l'une & rejetter l'autre, les régler, se déterminer. De là le moral de l'amour, de-là ce penchant qui quoique de choix, parce qu'il nous plaît, entraîne nécessairement l'esprit vers les objets matériels ou spirituels qui ont plus de raport à lui & qui lui paroîtront lui con venir le mieux ; penchant libre à la verit dans sa source, mais souvent involontai re dans ses suites. Dans le premier cas c'est-à-dire dans le phisique, l'amour, à proprement parler, ne fait que végé ter ; dans le second, c'est-à-dire le mo ral, il existe & vit réellement : le pre mier, est l'union simple de la matiér avec la matiére pour se reproduire ; l second, l'union de l'esprit avec l'espri pour produire la société, les liaisons, le amitiés entre les personnes d'un mêm sexe. Si c'est entre les personnes d'un se xe différent, tous les deux ayant u corps matériel, tous les deux ayant u esprit, alors on court risque de mêler l phisique avec le moral, le moral avec l phisique. C'est la crainte de cette confu sion qui faisoit dire au Pere Senaul » que (6) lorsque les hommes seront de » anges ils pouront lier amitié avec u » sexe différent du leur ; » parce qu'a lors n'ayant plus de corps, la matiér n'entraînera point l'esprit, il n'y aur plus, faute de matiére réciproque, d phisique dans ses liaisons ; il n'y aura plu que du moral. Que l'homme dans l'u nion des deux sexes ne cherche seule ment que le phisique de l'amour, c'est

(6) Voyez le Traité des Passions du Pere Senault. 2. p. 1. Traité 3. Disc.

à-dire à se reproduire, il n'agira que conséquemment à la substance matérielle dont il est composé ; qu'il y joigne ce qu'on apelle le moral, il agira en conséquence de la substance spirituelle qui dans lui est unie à la matiére : c'est ce qui fait que rarement il arrive chez l'homme qu'il n'y ait que le phisique de l'amour sans détermination, sans choix, étant composé d'esprit & de matiére, à moins cependant que l'esprit ne fut chez lui si envelopé, si enfoncé dans la matiére, qu'il n'eût pas la liberté ni la facilité de s'en dégager ; alors ces sortes d'hommes font une classe particuliére dans l'espéce humaine, qui tient plus de la bête que de l'homme.

Dans cette suposition il ne sera plus étonnant de voir M. Rousseau nous peindre, avec un pinceau jaloux, « les » sauvages (7) bornés au seul phisique » de l'amour, & assez heureux pour » ignorer ces préférences qui en irritent » le sentiment & en augmentent les » difficultés, attendre paisiblement l'im» pulsion de la nature, s'y livrer sans » choix ; & leur besoin satisfait, tout » leur desir est éteint. » Voilà un *assez heureux* qui certes a dû couter à M. Rousseau un soupir bien profond &

(7) P. 80.

bien amer. Ne pouvoir jouir librement parmi les hommes civilisés du bonheur qu'il supose dans le fond de la Guinée, juste désespoir ! N'être pas né assez heureux pour jouir tranquillement & à son aise du phisique de l'amour ; être réduit à vivre avec un sexe trop civilisé & trop
(8) P. 79. » habile à célébrer le moral (8) de l'a-
» mour, ce sentiment factice qui veut
» du choix, des préférences, des at-
» tentions, & très-rarement du phisi-
» que, » cela est bien dur, cela est bien triste, je l'avoue ; & que n'attend-on
(9) P. 80. » l'impulsion (9) de la nature ; que ne
» s'y livre-t-on sans choix, sans préfé-
» rences ; que les mâles & les femelles ne
» s'unissent-ils comme autrefois fortui-
» tement & selon la rencontre, l'occa-
» sion & le désir ; le besoin satisfait, le
» désir seroit éteint. » O le bon tems que ce tems-là ! Que n'a-t-il duré toujours ! Pourquoi s'est-on civilisé ? Au reste « les
(1) P. 36. » seuls biens (1) *& le seul nécessaire* de
» l'homme, sont la nourriture, une fe-
» melle & le repos, » il ne lui faut que cela ; manger, dormir, se reproduire, c'étoit seulement & justement pourquoi il a été créé & mis au monde. Belle morale bien digne des sentimens dogmatiques de son Auteur ! C'étoit le moins

moins qu'on devoit attendre de notre Philosophe. Quoi qu'il en soit, il devroit sçavoir que les gens sages, sans toujours aprouver la mode, la suivent néanmoins, ne fût-ce que pour garder le décorum. Il devroit sçavoir qu'obligé de vivre avec des gens civilisés, sa morale ne seroit bonne tout au plus que dans les coulisses de l'Opéra, pour servir d'intermédes au Devin de Village *; encore douté-je qu'on voulût bien les y recevoir: en tout cas, eussent-elles dû ne paroître jamais, il auroit épargné à beaucoup de ses Lecteurs la peine de rougir plus d'une fois. Nous ne l'aurions point vu à la suite de cela rendre dans la société le devoir de la fidélité conjugale (2) responsable des adultéres qu'on commet au préjudice de cette même fidélité, comme si le mal n'étoit que dans le devoir & non dans l'action qui lui est contraire; comme si l'adultére n'étoit un mal que parce que la loi civile le défend : nous ne l'aurions pas entendu avancer sans pudeur que « les loix de la continence (3) » & de l'honneur, étendent nécessaire» ment la débauche, & multiplient les » avortemens. » Sans pudeur, sans

(2) P. 84.

(3) Ibid.

* Espece d'Opéra, dont les paroles & la musique sont de M. Rousseau.

honneur, M. Rousseau, on n'en sera donc que plus chaste & moins criminel. L'honneur, le deshonneur, la vertu, le vice, le bien, le mal, chez vous, sont des mots vuides de sens, & qu'on a eu grand tort d'inventer dans la société, parce que si nous n'avions pas connu l'honneur, il n'y auroit jamais eu de deshonneur, la vertu de vice, le bien de mal. Faut-il que ces chiméres aient pris crédit parmi les hommes, pour gêner leurs penchans, pour ne servir qu'à faire nécessairement des criminels, qu'à multiplier leurs crimes & leurs vices ?

De-là M. Rousseau conclut « qu'er-
(4) p. 84. & suiv. » rant dans les forêts (4) sans industrie, » sans parole, sans domicile, sans guer» re, sans liaison, sans nul besoin de ses » semblables, comme sans nul desir de » leur nuire, peut-être même sans ja» mais en reconnoître aucun individuel» lement, sujet à peu de passions, &c... » l'espéce étoit déja grande & l'hom» restoit toujours enfant. » M. Rousseau voudroit-il bien donc nous dire l'époque où l'homme restant toujours enfant a cessé enfin de l'être, & a commencé à s'évertuer, à s'acroître & à se civiliser ; car les hommes ainsi fabriqués

par M. Rousseau, je ne vois pas qui les auroit pu engager à cesser d'être enfans; je ne conçois pas même comment ils auroient pû s'y prendre, pourquoi ils n'auroient pas toujours resté, ainsi que les bêtes, dans leur état originaire, dans leur état d'enfance. Il me répondra que cela est arrivé lorsqu'ils ont mis en usage la faculté qu'ils avoient de se perfectionner. Mais pourquoi ont-ils attendu si tard? pourquoi les premiers de l'espéce, je le répéte, s'ils étoient hommes, n'en avoient-ils pas fait aussi bien usage que ceux qui leur ont succédé? Cette faculté étoit aussi bien pour ceux-là que pour ceux-ci, ou je ne compterai pour le premier de l'espéce que celui qui ayant reçu du Créateur cette faculté, en aura fait usage. De ce moment je pourai dater de l'homme, puisque de ce moment seulement, j'aurai aperçu en lui l'unique faculté qui pouvoit le distinguer de la brute. M. Rousseau dira qu'il a bien pu faire cette suposition de l'état de nos premiers peres, de les peindre tels qu'il a cru qu'ils étoient, mais que pour résoudre les difficultés qui pouroient en résulter, il les laisse de bon cœur résoudre à ceux qui voudront l'entreprendre. M. Rousseau a l'imagination belle; les

ſupoſitions ne lui coutent rien : mais n'allez pas outre : point de difficultés s'il vous plaît, ou il ne vous répondra rien, à moins qu'en déſeſpoir de cauſe, il ne faſſe encore un généreux effort pour ſe ſauver à l'aventure, en vous amuſant avec lui, ſi vous le voulez
(5) P. 92. » bien, à raprocher (5), à conſidérer » les différens hazards qui ont pu » perfectionner la raiſon humaine, en » détériorant l'eſpéce; rendre un être » méchant en le rendant ſociable. » Des hazards qui ont le pouvoir de perfectionner; des hazards qui en perfectionnant détériorent; des hazards auteurs en même tems du bien & du mal; des hazards qui rendent un être méchant en le rendant ſociable; des hazards qui pouvoient arriver comme ne pas arriver. Pourquoi ſont-ils arrivés? Pourquoi ne ſont-ils pas arrivés plutôt, comme ils ſont arrivés plutard? Si ces hazards, ne fuſſent point arrivés, comme ils pouvoient ne pas arriver, qu'auroit fait l'homme des facultés qu'il avoit en ſa puiſſance, & qui pour une Providence très-ſage ne devoient ſe déveloper qu'avec les occaſions de les exercer? Rien. Faute de hazards, à quoi auroit donc été occupée cette Providence

très-ſage ? à rien. Comment aurions nous connu qu'il en exiſte une ? C'eſt donc à des hazards que nous devons cette précieuſe connoiſſance d'aveugles hazards, qui en perfectionnant détériorent ; une Providence ſage qui agit en conſéquence de hazards qui pouroient arriver comme ne pas arriver. Expliquez-moi tout cela. Quelles abſurdités ! Quelles contradictions !

Non, M. Rouſſeau, ce ne ſont point des hazards qui ont amené les hommes à l'état où nous les voyons aujourd'hui ; c'eſt d'un côté une Providence très-ſage, de l'autre leur dépravation propre. C'eſt Dieu lui-même qui a rendu l'homme ſociable : l'a-t-il rendu méchant ? Il a créé l'homme parfait, l'a-t-il détérioré ? Non, ce ne ſont point des hazards à qui il doit ſa perfection, c'eſt à Dieu ; ce ne ſont point des hazards qui l'ont détérioré, c'eſt lui-même, non d'autant plus, comme le ſupoſe fauſſement M. Rouſſeau, qu'il s'eſt éloigné de ſon état originaire, état en tout point ſelon lui ſemblable à celui des brutes, s'il ne lui étoit pas inférieur, comme il le prétend ; mais au contraire d'autant plus qu'il s'eſt éloigné de l'état parfait dans lequel il avoit été créé, & qu'il s'eſt raproché de l'état de la bête. Rien de bien dans la nature & dans l'univers n'est dû au hazard, tout est dû à la sagesse infinie qui régle & gouverne tout dans le monde. Rien n'y arrive qu'elle ne le fasse, qu'elle ne le veuille, ou ne le permette. Rien de mal n'est dû au hazard, tout est dû à la dépravation de l'homme par sa chûte. Détrônez donc, M. Rousseau, si vous le pouvez & si vous osez l'entreprendre, la Divinité; niez son existence, & sa Providence qui veille sans cesse sur ses créatures, vous aurez plutôt fait, que d'admettre un Dieu capable de rendre ses créatures méchantes; un Dieu subordonné à des hazards; il vaudra beaucoup mieux n'en pas admettre, d'aveugles hazards; voilà bien plutôt la divinité d'un cœur aveugle & corrompu.

De-là je conclus à mon tour, étant libre à chacun de conclure, comme il l'entend, que M. Rousseau auroit fait beaucoup mieux de ne s'être pas mêlé de notre instruction; peut-être me payera-t-il de la même monnoie, mais les Lecteurs sensés seront seuls ses juges & les miens Si M. Rousseau est entêté de sa façon de penser, nous ne le sommes pas moins de la nôtre. Selon
(6) p. 86. lui nous avons « des préjugés (6) invé-

» térés, des erreurs profondes ; » il en veut être le destructeur : exploits bien dignes de son quichottisme ! malheureusement il est venu un peu trop tard, il n'y a plus d'espérance, nous voyons trop clair, notre maladie est incurable ; on a beau y apliquer pour reméde des supositions chimériques, « des raisonnemens » (7) commencés, des conjectures » hazardés, » on n'y gagnera rien ; tant que nous croirons une Providence sage, nous ne croirons point à d'aveugles hazards. Que M. Rousseau nous dise tant qu'il lui plaira qu'il a creusé jusqu'à la racine, il ne nous fera jamais penser que nos peres aient été créés sans raison, peut-être sans instinct ; que cet état ait été leur état naturel & primitif ; non, nous n'en voulons rien croire, parce que nous ne voulons point être des sots, en croyant bonnement que nos peres en aient jadis été.

(7) Pref. p. 57.

Satisfaits d'avoir vu l'homme de M. Rousseau dans son berceau, aprenons de lui maintenant comment il est devenu ce qu'il est ; voyons si par des « conjec- » tures hazardées, il nous prouvera » ses raisonnemens commencés.

SECONDE PARTIE.

(8) Discours p. 95.

» Le premier (8) qui ayant enclos » un terrein, s'avisa de dire *ceci est* » *à moi*, & trouva des gens assez sim» ples pour le croire, fut le vrai fonda» teur de la société civile. » Un qui s'avise pour la premiere fois d'enclorre un terrein, & de dire *ceci est à moi*; d'autres assez simples ou assez sots pour le croire, voilà certes d'excellens ouvriers pour jetter les fondemens de la société civile. La simplicité de ceux-ci, l'envie de se singulariser de celui-là, étoient sans doute des matériaux nécessaires à M. Rousseau pour bâtir son nouvel édifice. Mais ce second Architecte voudroit-il bien nous dire par quel hazard celui qui avoit un droit commun à tout, s'est-il avisé le premier d'enclorre un terrein, & de s'aproprier particulierement & privativement à tous autres une partie de ce tout commun dont il n'avoit que faire? se résoudre à le défendre contre tous, ne le pas quitter d'un instant, de peur qu'un second ne l'en depossedât & ne s'y retranchât aussi bien & avec autant de droit & aussi peu de besoin que lui? Comment les autres ont-ils consenti à cette

cette distraction particuliere d'une partie de ce qui leur étoit commun à tous, sans reclamer contre l'usurpation ? Comment changer ainsi tout à coup l'usage du tout commun ? L'usurpateur a dit « ceci est à moi ; il a trou» vé des gens assez simples pour le » croire ; » voilà donc un Contrat en bonne forme & sans équivoque. Mais je voudrois sçavoir comment celui-là a pu concevoir la premiere idée de propriété particuliere & relative à son individu ; comment dans le même instant elle a été conçue par le général ; car pour peu que les uns ou les autres n'ayent pas conçu dans le même moment l'idée de propriété particuliére, ou celui-là n'auroit pu dire, ceci est à moi, ou les autres ne l'en auroient jamais cru sur sa parole, si simples qu'on les pût suposer. Le moment de conception a été sans doute le même pour les uns & pour les autres, quoique M. Rousseau ne nous en dise rien ; c'est une suposition sousentendue de sa part. Cependant l'idée de propriété est suposée innée chez l'homme composé tel qu'il est, ou suposée factice ; si elle est innée, l'idée d'une société, comme conséquence nécessaire, sera donc pareillement innée : si au contraire l'idée de propriété est suposée factice, d'où tirera-t-elle son origine ? Elle ne la poura jamais tirer que d'une société qui ne poura être que civile du plus ou du moins, la société civile n'étant rien autre chose que la société dévelopée, proportionnée & réglée sur la maniere d'être de ceux qui la composent. Ainsi de quelque façon que M. Rousseau raisonne, ces deux idées de propriété & de société, étant essentiellement dépendantes l'une de l'autre, elles tireront toujours leur principe de la nature propre de l'homme, & n'auront d'autre origine que celle de l'espéce : elles auront bien pu se perfectionner, se déveloper dans la suite, mais cette perfection, ce dévelopement suposera toujours une existence antérieure. Combien donc est-il absurde de vouloir fixer l'époque de l'origine de la société civile & de la propriété, au tems où l'on supose qu'un de l'espéce aura dit crûment ceci est à moi, & qu'il aura trouvé des gens assez simples pour l'en croire sur sa parole ? Aussi M. Rousseau, il faut lui rendre justice, a-t il bien senti la foiblesse de sa suposition ; il convient qu'il eſt néceſſaire de remonter un peu plus haut ; mais comme il ne remonte point encore juſqu'à la vraie ſource, conduiſons-l'y s'il eſt poſſible.

On ne peut diſconvenir ſans une ignorance inexcuſable, ſur-tout dans un Philoſophe tel que M. Rouſſeau, qu'il n'y ait eu réellement, dès la premiere exiſtence de l'homme, deux ſortes de propriétés, une générale, une particuliere, une commune à toute l'eſpéce, une particuliere à chaque individu ; la générale conſiſtante dans le droit & l'uſage commun d'uſer de l'air, de l'eau, de la terre & de tout ce qu'elle produiſoit, rien de particulier, tout étoit non-ſeulement commun à l'eſpéce humaine, mais même aux autres animaux ; la particuliere conſiſtante dans le droit que chacun de l'eſpéce avoit en particulier ſur ſon propre individu, ſur lequel le général n'avoit aucune propriété, de l'uſage de la premiere, eſt inconteſtablement enſuivi une propriété mixte ou relative à la ſeconde ; les choſes communes au général de l'eſpéce, une fois ſaiſies par le premier occupant ou le plus fort, ceſſoient alors d'un commun accord d'apartenir au général, & devenoient en quelque ſorte le propre particulier de l'individu. On conçoit aiſément que ſi la terre eut toujours été la même, ſi l'eſpéce ne ſe fut pas multipliée, une pareille ſociété auroit pu ſubſiſter ſans inconvénient ; mais la terre ne pouvant plus, eu égard à la multiplication, produire d'elle-même aſſez abondamment les alimens nécesſaires, « à meſure que le genre (9) humain s'étendit, les peines ſe multipliérent ; le peu d'aliment, la concurrence de ſes ſemblables & des autres animaux, la différence des climats, des ſaiſons, tout dut forcer l'eſpéce à changer de maniere de vivre » ; ou il falloit ſe réſoudre à périr ou à avoir des combats, des querelles continuelles pour ſe diſputer une proie & des alimens dont la jouiſſance particuliere devenoit d'autant plus difficile à acquerir, que le nombre des prétendants augmentoit tous les jours. Ce fut alors que la néceſſité contraignit l'induſtrie particuliere de chaque individu de pourvoir à ſa ſubſiſtance ; de là les obſervations, les arts, les découvertes qui ne ſuffiſoient pas encore. Tel pouvoit bien une choſe qui ne pouvoit pas l'autre ; tel avoit fait

(9) P. 98.

une découverte, qui, faute du ſecours de ſon voiſin, ne pouvoit en tirer aucun profit ni aucune utilité ; celui-ci avoit bien inventé l'agriculture, mais n'avoit point de fer que celui-là avoit découvert, qui, faute d'avoir la maniere de le mettre en œuvre & de l'employer, n'en pouvoit encore faire uſage. On ſentit donc plus que jamais la néceſſité de ſe raprocher, d'échanger, pour ainſi dire, invention contre invention, découverte contre découverte, induſtrie contre induſtrie ; de nouveaux obſtacles ſe preſentérent encore, l'uſage du tout commun, le peu d'induſtrie de ceux ci, la pareſſe de ceux-là, devoient néceſſairement faire naître des diſputes, des diſcuſſions. En effet, comment mettre l'uſage de l'induſtrie particuliere en jeu, tandis que tout ſera commun ? Comment, par exemple, celui-ci ſera-t-il aſſez inſenſé « (1) pour ſe tourmenter à la (1) P. » culture d'un champ, qui (s'il n'eſt » pas le plus fort) ſera dépouillé par » le premier venu, homme ou bête » indifféremment, à qui cette moiſſon » conviendra ? Comment chacun poura-t-il ſe réſoudre à paſſer ſa vie à » un travail pénible dont il eſt d'autant

» plus sûr de ne pas recueillir le prix » qu'il lui sera plus nécessaire. En un » mot, comment cette situation poura-t-elle porter les hommes à cultiver la terre tant qu'elle ne sera » point partagée entr'eux »; & qu'ils ne seront point dans une propriété tranquille de leur part, comme un préalable de toute nécessité qu'on a bien senti, & qu'on a exécuté. En effet, le général a cédé d'un côté son droit sur les choses communes, & elles sont devenues le propre particulier de chaque individu, tandis que chaque individu d'un autre côté, est devenu en quelque sorte le propre du général. On a partagé les terres, chaque individu, à la caution du général, a été en droit de cultiver son terrein particulier, d'en cueillir les fruits, d'en disposer à son gré, comme le prix de son industrie, & le propre de son individu. Le particulier en conséquence a renoncé au droit & à l'usage commun qu'il avoit sur les choses partagées : enfin le général est devenu dépendant du particulier, & le particulier du général; de-là les conventions, les devoirs mutuels, les loix, la sureté publique & particuliere; de-là en un mot la société civile.

Pour que les hommes ſoient parvenus juſqu'à ce point, il faut néceſſairement leur ſupoſer & admettre dans eux une raiſon & une réflexion antérieure, je ne dis pas pour ſentir leurs beſoins ſeulement, mais pour y aporter un reméde qu'ils ne pouvoient trouver ailleurs que dans la ſociété. Comment donc tels hazards qui ſoient arrivés, M. Rouſſeau y conduira-t-il ſon homme borné au ſeul inſtinct, comme il le ſupoſe, « ſans parole, (4) ſans » induſtrie, ſans liaiſon, ſans correſ» pondance (5) avec ſes ſemblables, » & ſans aucun beſoin d'en avoir ? » Cela n'eſt pas concevable. Auſſi, M. Rouſſeau, ſans s'en apercevoir, ou du moins ſans vouloir qu'on s'en aperçoive, fait-il de cet homme ce qu'il ne voudroit pas, mais ce qu'il eſt cependant forcé d'en faire, c'eſt-à-dire un homme dont le premier ſentiment eſt un ſentiment de réflexion ſur luimême. Quelle fut, ſelon lui, la condition originaire, quelle fut la vie de cet homme borné aux pures ſenſations? » Son premier ſentiment (6) fut ce» lui de ſon exiſtence, ſon premier » ſoin celui de ſa conſervation ». Un animal borné d'abord aux pures ſenſa-

(4) P. 84.

(5) P. 46.

(6) P. 96.

tions, connoître son existence ; un animal borné au seul instinct, avoir des sensations d'un ordre assez supérieur à celles qu'éprouvent les brutes, pour lui faire connoître & lui donner le sentiment de son existence, quel hazard, ou plutôt quelle absurdité ! Ce n'est à la vérité que par les sensations que, doués que nous sommes d'une ame spirituelle, nous connoissons par l'entremise de certains organes les êtres matériels qui nous environnent, & dont l'impression agit sur nos sens extérieurs ; mais pour connoître qu'ils existent & que nous existons, pour en faire des comparaisons d'eux à nous, il faut autre chose que des sensations qui viennent des sens extérieurs. La matiére ne pouvant rien connoître par elle-même, privée qu'elle est de sentiment, comment connoîtra-t-elle sa propre existence ? si ce qui la frape ne passe pas au-delà des sens extérieurs, & n'est pas porté par leur moyen, comme par autant de canaux, jusqu'au sens intime, qui n'est rien autre chose que la partie spirituelle de nous-mêmes, qui, par sa nature différente de la matiére, susceptible de réflexion & de se reployer sur elle-même, peut & pourra toujours avoir, indépendamment des ſens extérieurs & des organes, une connoiſſance de ſa propre exiſtence ; ſentiment inné, auſſi indépendant de la matiere qu'elle en eſt indépendante, faute duquel les brutes, avec toutes les ſenſations propres à leur ſens extérieur, ſans paſſer au-delà, peuvent bien par elles être machinalement averties de ce qui eſt utile ou contraire à leur conſervation, mais par leſquelles ſeules elles ne parviendront jamais à la la connoiſſance de leur exiſtence. Ainſi donc, ou M. Rouſſeau en bornant l'homme dans ſon état d'origine au ſeul inſtinct & aux pures ſenſations, n'a pas pu lui ſupoſer, pour premier ſentiment, celui de ſon exiſtence, ou en lui ſupoſant, comme il eſt vrai, ce premier ſentiment, il n'a pas pu le borner, comme il le fait, au ſeul inſtinct & aux pures ſenſations. Il ne lui a pas été libre de ne laiſſer à l'homme qu'une partie des biens qu'il poſſéde par ſa nature, il faut néceſſairement, ou tout lui accorder, ou ne lui rien accorder de ce qui penſe en lui ; c'eſt un être par lui-même indiviſible.

Accordons cependant pour un moment à M. Rouſſeau ſon homme ainſi

borné aux pures ſenſations, accordons-lui encore ce même homme « parmi
(7) P. 13. » les animaux, (7) *obſervant, imitant* » leur induſtrie, s'élever juſqu'à l'inſ» tinct des bêtes, *pouvant* ſe les apro» prier tous, n'en ayant peut-être au» cun. » Dans la ſituation nouvelle qui l'oblige à changer de maniere de vivre, à qui aura-t-il recours? Plus de modéles à imiter, plus d'inſtinct à s'aproprier. Pendant un tems conſidérable borné au ſeul inſtinct, ou n'en ayant peut-être point, dans un tems poſtérieur qui lui a fait paſſer les bornes de l'inſtinct & des pures ſenſations, qui l'a conduit au-delà? des hazards,
(8) P. 98. » (8) *répondra M. Rouſſeau;* la néceſ» ſité, la différence des climats, des » ſaiſons, des années ſtériles, des hy» vers longs & rudes, des étés brû» lants qui conſomment tout, exigérent » de lui une nouvelle induſtrie. » Soit, je le veux; mais ſi je ſoutiens que toutes ces cauſes ayent exiſté dès le premier de l'eſpéce, qui me prouvera le contraire; il faudra néceſſairement que M. Rouſſeau m'accorde les facultés & l'induſtrie de l'homme, dévelopées dès ce tems, puiſque dès-lors il y aura eu les mêmes beſoins, les mêmes né-

cessités ; que deviendra son homme borné aux pures sensations & au seul instinct, sans parole, sans industrie, &c. n'en résultera-t-il pas au contraire que ces causes existantes dès l'origine de l'espéce, auront aussi dès ce tems exigé de l'homme, de l'industrie & des connoissances pour y aporter le reméde ; connoissances, que M. Rousseau ne supose dévelopées que postérieurement.

Enfin, grace à M. Rousseau, n'importe comment ; voila l'homme un peu civilisé ; on commence pour le bien-être à s'assembler tous ; on travaille en commun pour le profit particulier de chaque individu ; en croassant comme les corneilles, on se fait entendre ; une multitude de siécles parcourus, comme un trait, on arrive peu à peu. » Ces premiers (9) progrès mirent enfin l'homme à portée d'en faire de » plus rapides ; plus l'esprit s'éclairoit » & plus l'industrie se perfectionna. » Qu'il me soit permis de demander ici à M. Rousseau ce que c'est qu'esprit, ce que c'est qu'industrie ; exact à suivre les principes d'un maître tel que lui dans l'art de raisonner, je ne me départs pas volontiers du premier qu'il m'a imprimé ; j'ai encore la mémoire

(9) Page 105.

récente de cet homme borné par la nature au ſeul inſtinct, & voilà un eſprit, voilà une induſtrie qui paroiſſent. Eſprit, induſtrie, raiſon, ce ſont des mots, répondra peut-être M. Rouſſeau; c'eſt une façon de parler qui ne veut rien dire autre choſe qu'un inſtinct plus ou moins perfectionné. Mais l'agent qui a perfectionné cet inſtinct, quel eſt-il? La matiere ne ſe perfectionne pas d'elle-même. Eſt-ce l'inſtinct lui-même qui eſt cet agent? Alors je ne le traiterai plus d'inſtinct, ce ſera pour moi eſprit, ce ſera raiſon; il ſera lui-même cet être ſpirituel en qui je fais conſiſter principalement l'homme. Si c'eſt un autre agent, quel eſt-il? Dites-nous-le, M. Rouſſeau, ou convenez que vous vous embarquez ſans ſçavoir à quoi ſe terminera votre courſe, & que pour amener l'homme au point où vous le voyez aujourd'hui, par une route extraordinaire, vous en faites un composé ſi abſurde, que vous ne vous y reconnoiſſez plus vous-même, & que perſonne ne peut y rien comprendre. Suivons donc cet eſprit qui s'éclaire, cette induſtrie qui en même-tems ſe perfectionne. A la faveur de ces deux aîles nous n'allons pas voir l'homme fendre les airs, mais rampant encore à rez de terre ; nous l'allons voir avec leur aide « se bâtir (1) une hutte de branchages, que par la suite il s'avisa d'enduire d'argille. » La belle découverte ! Quel singulier animal que cet homme, il lui falloit de l'esprit & de l'industrie pour faire ce que la moindre des brutes pouvoit faire avec le seul instinct. Vous pouviez, M. Rousseau, sans conséquence, différer à faire paroître sur la terre l'esprit & l'industrie ; l'homme borné au seul instinct nous auroit suffi pour se bâtir des huttes.

(1) Page 105.

L'homme est naturellement singe, il fait assez volontiers tout ce qu'il voit faire aux autres, soit par esprit, soit par instinct, n'importe ? L'un écrit & dit ce qu'il a vu écrire & dire à d'autres ; l'autre fait ce ce qu'il voit faire. Un Inventeur sert ordinairement de modéle à mille qui perfectionnent & enchérissent l'invention : une premiere hutte donc une fois inventée & bâtie, tous voulurent en avoir ; c'étoit une fureur pour les huttes. Cependant comme « les plus forts (2) furent vraisemblablement les premiers à se faire

(2) Page 106.

» des huttes qu'ils se sentoient capa-
» pables de défendre ; il est à croire
» que les foibles trouvérent plus court
» & plus sûr de les imiter que de ten-
» ter à les déloger. » J'aime beaucoup cet il est à croire ; je l'aurois presque deviné. Que de modestie dans M. Rousseau ! Que de prudence dans nos premiers peres !

(3) Page 105. » Ce fut-là (3) l'époque d'une pre-
» miere révolution qui forma l'établis-
» sement & la distinction des familles. » Mon esprit, (voyez ce que c'est que d'en avoir peu,) m'auroit fait faire l'oiseau avant la cage ; point du tout, c'est la cage qui est faite avant l'oiseau. J'aurois dit par exemple dans une autre circonstance, on a inventé les petites maisons parce qu'il y avoit des fous à loger ; point du tout : avec M. Rousseau, il faut penser qu'il n'y a eu des fous parmi les hommes, que lorsqu'il y a eu des petites maisons.

Quel esprit éclairé que ce M. Rousseau ? Jusqu'à quel point perfectionne-t-il l'industrie des hommes ? Une difficulté cependant m'arrête encore. Je conçois volontiers que les injures du tems, les insultes des animaux ont pu donner & occasionner à l'homme l'idée de bâtir des huttes, de les enduire d'argille pour s'en garantir, & s'y mettre à l'abri ; mais je ne conçois pas aussi aisément, comment les fabricateurs & les inventeurs de ces huttes, accoutumés « à s'unir avec les femelles (4) fortuitement, suivant la rencontre, l'occasion & le desir, le besoin satisfait, » les deux sexes ne se reconnoissant » plus, » je ne conçois pas, dis-je, comment de pareilles gens ayent pu d'eux-mêmes, sans d'autre cause que cette premiere révolution, dont l'époque fut l'invention & la construction des huttes, se résoudre à quitter & abandonner leur ancien préjugé, leur usage favori, pour se réunir & se distribuer par familles, je n'en comprends nullement la nécessité ; jusqu'à present je ne vois pas même comment ils auroient pu se former la plus legére idée d'une famille telle que nous la concevons, c'est-à-dire, des maris, des femmes, des peres, des meres, des enfans réunis ensemble sous un même toît ? Comment sans loix, sans conventions antérieures, exécuter cet établissement ? Qui a dit à celui-ci que la femme de son voisin ou de tel autre ne pouvoit plus être la sienne, ayant eu jusqu'alors

(4) P. 97.

un droit égal ſur toutes, ſuivant l'impulſion de la nature, la rencontre & le deſir ? Qui a dit à celui-là que la femelle de tel individu male, ne pouvoit plus être deſormais, ſans injuſtice, la femelle de tel autre, tant qu'elle ſeroit à ce premier ? Comment, ſi cet établiſſement eſt factice tout en croaſſant, le premier qui a pu en avoir l'idée l'a-t-il pu communiquer aux autres ? Comment ceux-ci l'ont-ils adoptée ? Dire ſimplement que cet établiſſement eſt dû à l'invention des cabanes, cela me paroit fort aiſé à écrire, mais bien difficile à concevoir.

Voyons à preſent l'effet de cette ſituation nouvelle, qui réuniſſoit dans une habitation commune les maris, les femmes, les peres, les enfans. Quel fut-il ? « Les premiers dévelopemens » du cœur. » Le cœur commence enfin pour la premiere fois à ſe dévelo- (5) Page 106.
per, caché juſqu'ici ſous ſes envelopes, les maris, les femmes, les peres, les enfans, ne ſe connoiſſoient pas encore pour tels, tout-à-coup ils ſe réuniſſent, alors ils ſe connoiſſent. Charmante réunion ! il vous étoit donc réſervé de faire éclorre cette précieuſe connoiſſance. Quelques ſoupirs annon-

cérent pour la premiere fois que le cœur existoit ; on n'y avoit pas pensé jusqu'alors : « l'habitude de vivre (6) » ensemble fit naître les plus doux sentimens qui soient connus des hommes, l'amour conjugal & l'amour » paternel. » Voilà donc l'origine des premiers dévelopemens du cœur, de l'amour conjugal & paternel, dûe à l'établissement des familles ; singulier établissement dont l'époque fut la révolution qu'occasionna l'invention & la construction des huttes. Mais, M. Rousseau, si on ne se fut jamais avisé d'en construire, comme on pouvoit le faire, puisque, selon vous, on s'en étoit bien passé jusqu'alors, qu'auroit-il arrivé ? Faute de huttes pour les loger, plus d'établissement de famille, faute d'habitude de vivre ensemble, plus d'amour conjugal & paternel, plus de dévelopemens du cœur : l'heureuse invention que ces huttes !

» Sentimens les plus doux qui soient » connus des hommes, premiers dé» velopemens du cœur, où seriez-vous » sans cette invention ? » J'avois cru jusqu'alors que vous aviez été la cause du premier établissement des familles ; que la réunion dans une habitation com-

(6) Ibid. & suiv.

mune des maris, des femmes, des peres, des enfans, avoit été l'effet de vos charmes séduisans; j'avois cru que la distinction des familles & des nouvelles habitations étoit venue de ce que la premiere famille du monde trop accruë, les enfans de cette famille en âge & en état d'être chefs à leur tour, avoient été obligés de former ailleurs de nouvelles habitations & de nouvelles familles, & qu'ainsi les habitations s'étoient multipliées à proportion du nombre des familles. Un essain de jeunes abeilles que j'avois vu quitter la ruche mere pour fonder ailleurs une nouvelle colonie, m'avoit naturellement induit à penser que la même chose s'étoit de tout tems pratiquée parmi nous. Je m'étois trompé sans doute, j'avois pris l'effet pour la cause, & la cause pour l'effet; j'avois tort, je l'avouë, M. Rousseau. Quoiqu'il en soit, voilà nos gens à bon compte, qui commencent à prendre le ton de la bonne compagnie; le cœur pour la premiere fois se sent & se fait sentir, il n'est plus question entre maris & femmes, peres & enfans, voisins & amis de « croasser comme les corneilles; » pareil jargon est de l'ancien tems, il s'agit de parler françois, au moins une langue telle qu'elle soit; mais comment leur en aprendre aux bonnes gens, si il n'y en a point encore d'inventées; l'invention des langues particulieres n'est pas chose aisée. Je sçai, M. Rousseau, ce qu'il vous en a coûté dans votre premiere Partie pour les trouver, sans en avoir pu venir à bout. Vous avez, au reste, assez repris haleine: tôt ou tard il en faut venir-là; franchissez donc le pas de bonne grace.

» De grandes inondations (7) ou des » tremblemens de terres environnérent » d'eaux ou de précipices des cantons » habités; des révolutions du globe » détachérent & coupérent en isles des » portions du continent; » quel horrible fracas! N'ayez pas peur, c'est une langue qui se forge. « On conçoit » qu'entre des hommes ainsi raprochés » & forcés de vivre ensemble, il dut » se former un idiôme commun plutôt qu'entre ceux qui erroient librement dans les forêts de la terre ferme. » Mais si ce prétendu croassement dont nous avons parlé ci-dessus, idiôme général des humains, leur suffisoit pour s'entendre lorsqu'ils étoient en terre ferme, je ne vois pas trop

(7) Page 109.

la néceſſité d'un idiôme particulier en étant ſéparés. D'ailleurs ſi pour former des idiômes particuliers il ne s'agiſſoit que de raſſembler pluſieurs individus enſemble, il n'étoit pas beſoin, ce me ſemble, de tremblemens de terre, de grandes inondations, de parties de terre détachées du continent, la beſogne étoit toute faite; chaque famille étoit raſſemblée dans ſon habitation particuliere. Pourquoi raſſemblés & raprochés ainſi, les idiômes particuliers ne ſe ſont-ils pas formés dans le ſein de chaque famille, ſans les ſéparer encore du continent. Mais ſoit, M. Rouſſeau, comme vous l'avez bien voulu gratuitement ſupoſer, voilà donc nos gens placés ſur des portions détachées du continent, occupés à fabriquer des idiômes pour le reſte du genre humain, environnés d'eaux de toutes parts ou de précipices affreux. Nous les avons bien vu ſe diviſer, mais quand & comment ſe raprocheront-ils ? M. Rouſſeau n'eſt jamais embarraſſé, en cherchant les inventeurs des langues, il va nous indiquer les inventeurs de la navigation. Qu'un homme d'eſprit a d'heureuſes reſſources! rien ne lui coute, il n'a qu'à vouloir qu'une choſe soit & elle est. A l'aide d'une barque vous allez bientôt voir nos insulaires repasser à la terre ferme, aprendre à des gens qui n'en avoient que faire, des idiômes qui à eux-mêmes leur devenoient inutiles, la nécessité, la position & le besoin urgent qui les leur avoit fait inventer, cessant avec leur exil. Il me paroit, en effet, tout naturel de croire au contraire que ceux-là, c'est-à-dire les habitans du continent, errants çà & là dans les forêts, n'ont pas pris volontiers la peine de se casser la tête à aprendre des langues dont ils n'avoient que faire, n'y ayant aucunes des causes ni besoins qu'avoient ceux-ci dans leurs isles, pour les y contraindre, & que ceux-ci une fois repassés au continent, ne se sont pas amusés long-tems à cultiver seulement par amour propre une invention de laquelle ils n'avoient plus besoin, n'étant plus obligés & forcés de vivre ensemble comme auparavant, dans les isles où ils avoient été relegués. Voilà donc enfin une partie de notre équipage arrivée à bon port; ce n'est pas encore assez, il nous faut l'autre. Ces pauvres gens, M. Rousseau, que vous avez si inhumainement entourés de toutes parts de précipices, comment allez-vous les faire revenir; plus de barques ici : c'eſt vous, je crois, qui les y avez logés pour inventer des idiômes, tirés-les en donc. Vous ne reſtez jamais court, je le ſçai. Je les y ai bien portés, répondrez-vous, les en retire qui voudra. Quel meurtre, M. Rouſſeau! que d'idiômes perdus! Si vous vouliez cependant, les tremblemens de terre, les révolutions du globe ne vous ont rien coûté pour les y porter & les éloigner de nous, une ſupoſition qui leur ſerviroit de pont pour repaſſer ſeroit bientôt fabriquée; mais vous réſiſtez, que vous êtes cruel! En vérité, ces bonnes gens avoient bien affaire que vous les ayez envoyés forger des langues pour les ſiécles à venir, ſans ſçavoir quand, ni comment vous les ferez revenir; à moins, pauvres exilés, que M. Rouſſeau en cela n'ait ſes deſſeins; qu'il ne vous y laiſſe pour venir un jour nous aprendre l'art de fendre les airs, art encore inconnu parmi nous. A vos compagnons de départ, aux inſulaires de M. Rouſſeau, nous ſommes redevables de l'uſage de la parole & de la navigation; à vous nous vous devrons peut-être des aîles;

qui sçait ? En attendant retournons à nos nouveaux débarqués, instruisant, prêchant par tout le monde, l'usage de la parole ; la besogne n'étoit pas petite.

» Les hommes (8) errans jusqu'ici » dans les bois, ayant pris une assiete » plus fixe, se réunissent en diverses » troupes, & forment enfin (*sans* » *sçavoir pourquoi ni comment*) dans » diverses contrées une nation parti- » culiere unie de mœurs & de carac- » téres, non (*encore*) par des Régle- » mens & des Loix, mais par le même » genre de vie & d'alimens, & par l'in- » fluence commune des climats ; » effets nouveaux sans doute des tremblemens de terre, des inondations & des révolutions du globe. Par la suite quelques tremblemens nouveaux feront disparoître ce même genre de vie, d'alimens, ces influences des climats, pour y substituer des réglemens & des loix ; comme ils étoient venus ils repartiront. Déjà on s'aprivoise, d'une cabane on passe à l'autre ; de jeunes gens de différent sexe voisinent, & enfin « à force » de se voir, (9) on ne peut plus se » passer de se voir encore. » On s'étoit bien vu auparavant, mais on n'y avoit

(8) Page 110.

(9) Page 111.

pas fait attention, le cœur n'étoit pas
(1) page 112. encore dévelopé. « Celui (1) qui chan-
» toit ou dansoit le mieux, le plus
» beau, le plus fort, le plus adroit,
» ou le plus éloquent, devint le plus
» considéré ; » tout est encore bien
jusqu'ici, à quelques legéres blessures
près, que l'amour propre offensé ou
méprisé faisoit donner à l'auteur de l'offense, ou rembourser encore par dessus
(2) Page 113. le marché à l'offensé : « terribles (2)
» vengeances de ce tems-là, qui don-
» noient à leurs auteurs la réputation
» d'hommes cruels & sanguinaires ;
(3) Page 115. » quoique les hommes (3) fussent de-
» venus moins endurans, & que la
» pitié naturelle eut déja souffert quel-
» que altérarion, ce période du déve-
» lopement des facultés humaines te-
» nant un juste milieu entre l'indo-
» lence de l'état primitif & la pétu-
» lante activité de notre amour pro-
» pre, dut être l'époque la plus heu-
» reuse & la plus durable. » Enfin M. Rousseau commence un peu à se civiliser ; dans sa premiere partie la meilleure raison étoit de n'en point avoir, & d'être borné, sinon à l'état de la brutte, au moins à l'état d'une imbécillité à toute épreuve ; il ne croyoit

jamais

jamais couler de jours heureux & innocens que dans le tems où il se retrouveroit comme autrefois, sans parole, sans industrie, sans liaison avec ses semblables, réduit au seul instinct, si encore il en avoit un; il commence à devenir plus traitable, son enthousiasme, son penchant pour le pur état primitif se modére; pour la premiere fois il y voit, il y aperçoit des défauts, l'indolence & la stupidité. L'homme civil, ainsi qu'il existe aujourd'hui, ne lui en plaît pas davantage; la pétulence de notre amour propre le choque, comme si ce défaut étoit une dépendance nécessaire de cet état. Pour faire donc à l'homme un sort heureux, il a fallu imaginer un état mitoyen qui ne tint ni de la stupidité du premier, ni de la violente activité de l'amour propre du dernier. J'avoue que cet état me plaîroit assez, si M. Rousseau eût borné son discours & son projet à vouloir nous ramener à la pureté & à la tranquillité de cet état. Il seroit à mes yeux beaucoup plus raisonnable lui-même qu'il ne me l'a paru jusqu'alors. Mais par malheur cet état, dans les tems & les circonstances où le place M. Rousseau, me paroit aussi chimérique que le premier qu'il lui a plû de ſupoſer. Un homme avec peu ou point de vices, un homme ſans ſtupidité, voilà certes le meilleur état de l'homme, ſi on y joint encore la vraie connoiſſance du Créateur, & la fin pour laquelle il nous a créés. « Plus » on réfléchit, (4) plus on trouve que » cet état étoit le moins ſujet aux ré» volutions, le meilleur à l'homme, » & qu'il n'en a dû ſortir que par quel» que funeſte hazard, qui, pour l'uti» lité commune, eut dû ne jamais ar» river. » Si M. Rouſſeau n'eut pas été emporté par la vive demangeaiſon de ſe ſingulariſer dans ſon eſpéce, il n'auroit pas transporté dans un tems auſſi reculé, un état qui ſur les connoiſſances & la foi de ſes ſemblables, a été le premier dans lequel s'eſt trouvé l'homme ſortant des mains du Créateur, cet état de perfection, dans lequel il avoit été créé, cet heureux âge d'or, ſi vanté, ſi célébré par toutes les nations, au delà duquel on n'en connoit plus ; état qui n'a duré que bien peu, puiſqu'il n'a pas paſſé le premier, de l'eſpéce. Depuis ce tems l'homme a toujours été ce qu'il eſt, ambitieux, vain, cruel, ſanguinaire,

(4) Page 116.

injuste, porté au mal ; depuis ce tems les peres ont été aussi mauvais que les enfans, & les siécles futurs ne seront pas autres que nous; en tout tems, en tous lieux, en tous climats l'homme, sera toujours homme, c'est-à-dire susceptible & capable de vices & de vertus, de raison, de folie, un peu plus à la vérité dans un tems, un peu moins dans un autre, selon les dévelopemens, non de la faculté de se perfectionner, mais de la faculté de se détériorer, dont la source est égale dans tous les hommes des siécles passés, presens & futurs, par la dépravation originelle de leur cœur, depuis la chute du premier. De tout tems il y a eu des hommes scélérats, vicieux, stupides ; de tout tems il y en a eu de raisonnables, de sensés, de vertueux. Il n'y a rien de nouveau sous le soleil. La perte de l'innocence du premier de l'espéce, voilà par quel hazard il a sorti de cet heureux état ; catastrophe funeste, & non hazard, comme il vous plaît, M. Rousseau, faussement de l'avancer, qui, pour l'utilité commune, eût dû ne jamais arriver.

» Tant que les hommes (5) se contentérent de leurs cabanes rustiques,

(5) Page 117.

» tant qu'ils se bornérent à coudre leurs » habits de peaux, avec des épines & » des arêtes, à se parer de plumes » & de coquillages, à se peindre le » corps de diverses couleurs, à per» fectionner ou embellir leurs arcs & » leurs fléches, &c... ils vécurent li» bres, sains, bons & heureux. » C'est, en vérité, bien dommage que les occupations particulieres pour l'ornement, l'embellissement & l'amusement de chaque individu de l'espéce, ne l'aient pas nourri en même-tems, car il auroit toujours vécu libre, sain, bon & heureux. Il est bien triste, il faut l'avouer, de nous voir aujourd'hui redevables à une révolution, de la dure nécessité de pourvoir à notre conservation, autrement qu'en nous occupant à nous parer de plumes & de coquillages, nous peindre le corps de diverses couleurs, en conséquence « d'a» voir besoin (6) du secours des autres, » de changer de vastes forêts en des » campagnes riantes,* qu'il fallut arro» ser de la sueur des hommes, & dans » lesquelles on vit bientôt l'esclavage » & la misére germer & croître avec

(6) Page 118.

* Dans le sistême de M. Rousseau, elles devroient bien plutôt faire pleurer, que faire rire.

» les moissons. » Grande & fatale révolution qui avez fini notre bonheur & notre repos! qui vous a fait naître? » L'invention de deux arts, (7) la » métallurgie & l'agriculture; c'est-à» dire l'usage & la connoissance du fer » & du bled, qui ont civilisé les hom» mes, & perdu le genre humain. » Avec M. Rousseau, tantôt, pour avoir de l'esprit, il faut perdre le sens commun, tantôt, pour jouir d'une vie heureuse, il faut manquer de moyens les plus propres à la conserver: comment faire?

(7) Ibid.

De l'invention de la métallurgie & de l'agriculture, c'est-à-dire de la connoissance & de l'usage du fer & du bled, sont donc venus, selon vous, M. Rousseau, les besoins réciproques. « On » s'aperçut dès-lors qu'il étoit utile à (8) » un seul d'avoir des provisions pour » deux; l'égalité disparut, la pro» priété s'introduisit, le travail devint » nécessaire. » Mais si je vous soutiens que tout homme dans son état actuel ne peut être heureux, & je dirois presque, ne peut exister que par le secours de ses semblables ausquels il est également nécessaire; si je vous soutiens, que depuis le premier des hommes jus-

(8) Ibid.

qu'au tems où nous vivons, l'eſpéce n'a jamais pu ſe conſerver que par la liaiſon & le ſecours mutuel & réciproque des individus qui la compoſent; que l'eſpéce en général eſt comme le corps, d'un individu particulier, dont les membres dépendent & qui dépend des membres, qui ne peuvent ſubſiſter que par lui, & qui ne peut ſubſiſter que par eux, que deviendra alors votre hypothéſe. C'eſt le corps, à la vérité, qui nourrit & fait vivre les membres, mais les membres ſont obligés de lui porter & lui fournir la nourriture dont il a beſoin, & de laquelle il leur fait part. Unis par la même deſtinée, ſi les membres refuſoient au corps ce dont il a beſoin, comme ſi le corps refuſoit de communiquer de la nourriture aux membres, qu'arriveroit-il? Le corps & les membres, tout périroit. Il en eſt de même de l'eſpéce humaine; elle eſt le corps, & chaque individu en eſt autant de membres. De tout tems le corps a eu beſoin des membres, & les membres du corps; de tout tems l'eſpéce a eu beſoin des individus qui la compoſent, & les individus particuliers, de l'eſpéce en général. En conſéquence, il en réſultera donc que les hommes de tout tems ayant eu des beſoins que l'induſtrie particuliere ne pouvoit ſuffire à ſatisfaire, le ſecours mutuel & réciproque a exiſté pareillement de tout tems ; il en réſultera que ce n'eſt point l'invention ſeulement de la métallurgie & de l'agriculture qui a lié les hommes, les a rendus dépendans les uns des autres, mais leurs beſoins qui les ont de tout tems raprochés ainſi qu'ils ſont ; liaiſon ſans laquelle, encore une fois, l'eſpéce n'auroit pu ſe reproduire, ſe conſerver, ni même exiſter. Ce ſont ces beſoins qui ont inventé la métallurgie & l'agriculture, connoiſſance qui dès le commencement des tems a été la premiere dévelopée parmi les hommes, par cette raiſon, qu'ils devoient ſe multiplier, & que la terre ne devoit les nourrir qu'à la ſueur de leur front ; tous ayant été dans le premier de l'eſpéce, déſobéiſſans à leur Créateur, dès-lors le travail eſt devenu néceſſaire & indiſpenſable.

Que M. Rouſſeau, avec l'invention de l'agriculture, introduiſe la propriété des terreins comme partagés, afin d'être cultivés avec ſûreté, ſur la bonne foi, l'aſſurance & la garantie du général, j'y consens ; parce que dès-lors, outre que j'y verrai l'établissement des Loix, cette cause de la propriété me paroîtra plus réfléchie, plus vraisemblable que celle qu'il avance inconsidérément à la tête de sa seconde partie ; sa rétractation me paroit fondée. Qu'en partant des secours réciproques dont les hommes ont besoin, il fasse disparoître l'égalité des conditions, j'y consens encore, parce qu'il conviendra avec moi que l'inégalité actuelle n'est qu'aparente, plutôt fille de l'imagination * & du préjugé que de la réalité. En effet, l'un est Prince, l'autre Sujet ; l'un puissant, l'autre foible ; l'un grand, l'autre petit : celui-ci riche, celui-là pauvre ; celui-là maître, celui-ci esclave ; l'inégalité paroit au premier coup d'œil. Qu'on considére de plus près, tous auront également besoin les uns des autres ; en cela donc ils seront tous

. . . .

* L'exil, l'obscure naissance,
La servile dépendance,
Le mépris, l'opression,
La pauvreté qu'on déteste,
Le trépas, tout le reste,
Ne sont que des maux d'opinion.

Madame Deshoulières ; Ode à M. de la Rochefoucault.

égaux.** L'air est commun à tous, les besoins de la vie sont communs à tous, l'existence est commune à tous, il n'y a que le superflu qui est commun aux grands & aux riches; en cela même ils sont au dessous & plus malheureux que ceux qui, faute de moyens, ne peuvent se les procurer, ni même les desirer. Les besoins de celui-ci sont compensés par les besoins de celui-là, le Prince n'a pas plusieurs vies, il n'est Prince qu'à la charge de veiller à la sûreté & au bonheur de ses Sujets. Que seroit le puissant sans les plus foibles, le plus grand nombre de ceux-ci prévalant de beaucoup le nombre de celui-là; il ne seroit rien. Riche a-t-il deux corps? Si le pauvre a besoin de lui pour subsister, il a besoin des services du pauvre; l'esclave sert le maître, mais le maître est obligé de pourvoir à la subsistance & au nécessaire de l'esclave. Tel riche a des domestiques qui le suivent; & qu'importe qu'ils marchent les premiers ou les derniers?

** *Suâ nemo sorte contentus.* Horace.

Et mendicus mendico invidet,
Cantorque cantori. Hesiode.

Voilà l'égalité dans l'inégalité des conditions.

ils respirent le même air, & la même terre les porte. Un étranger qui n'auroit aucune connoissance de nos usages, distingueroit-il le maître d'avec le valet? l'un dîne devant, l'autre après; au bout du compte, tous les deux dînent. Celui-ci le sert à table, à la chambre, celui-là est obligé de le payer en conséquence; les obligations sont réciproques, si je te sers il faut que tu me payes. Tel Seigneur qui paroit si grand au dehors, n'est chez lui, s'il est homme sage & prudent, que le premier Intendant de sa maison & son premier économe. Mais, dira-t-on, les riches peuvent se satisfaire, ils ont une chere plus délicate, ils peuvent se procurer plus de plaisirs que tel ou tel malheureux Paysan qui a à peine de quoi subsister lui & sa famille. Il est vrai, mais en cela, ces riches, ces aisés prétendus, ne s'attirent que des maux, des peines & bien souvent d'inutiles regrets, en s'accordant plus qu'il ne faut, ou se demandant plus qu'ils ne peuvent; peines & regrets inconnus à celui qui est borné à son petit nécessaire. Il y a des hommes, ajoûtera-t-on, qui ne l'ont pas ce nécessaire, ou au moins qui suent sang

& eau pour ſe le procurer. Celui qui n'a pas ſon néceſſaire le mérite ſans doute, & c'eſt par ſa faute. Il n'y a point d'homme ſur la terre qui ne puiſſe ſe le procurer, ou c'eſt un pareſſeux, un lâche, un fainéant ou un prodigue. Ce n'eſt point la faute de la Providence, c'eſt une punition qu'il s'eſt juſtement attirée. A l'égard de ceux qui ſont obligés de travailler pour ſe le procurer, ce néceſſaire, quel mal ſi grand de travailler ; il en réſulte une bonne ſanté, les forces du corps, peu ou point de maladies, nulles inquiétudes, point de revers de fortune à craindre, & tant d'autres embarras que les richeſſes occaſionnent, ſans ſatisfaire le plus ſouvent celui qui les poſſéde. Ce Seigneur à la Cour, ſi riche, ſi puiſſant en aparence, y meurt de jalouſie & d'inquiétude. Ce Laboureur, ce Manouvrier chante à ſon travail ; & qu'importe à ce Laboureur, à ce Manouvrier ce qu'il ſoit, pourvu qu'il vive content & heureux? N'eſt-ce pas-là le vrai bien? Je ne trouve de réelle inégalité que dans le bonheur, & je le vois plus rarement chez les premiers que chez les derniers ; ceux-là n'en ont que l'aparence, & ceux-ci la réalité. On cherche par tout le bonheur, & presque personne ne le trouve : pourquoi ? C'est qu'on le cherche par tout où il n'est pas, preuve de la fausseté de nos idées & de notre jugement maladie qui ne vient que de la dépravation de l'homme & non de la nature. Tout est compensé par elle, tou les hommes sont nés pour être heureux ; elle a pourvu aux besoins de tous, le partage est égal entre tous ; tant pi pour ceux qui ne placent pas le bonheur où il doit être, ils ne peuven jamais être que malheureux. Le vra bonheur consiste dans la vertu ; ell seule dans tous les tems, dans tous le états, dans tous les climats, dans tou les âges, fait des heureux ; avec ell toute inégalité disparoit ; il n'en exist point d'autre réellement parmi les hommes, que celle qui consiste dans l'opo sition du vice & de la vertu.

(9) Page 123.

» De la culture des terres (9) s'ensui » vit (donc) nécessairement leur par » tage ; & de la propriété une fois re » connuë, les premieres régles de jus » tice. » De-là le droit civil qui a suc cédé au droit de nature ; droit civil droit irrévocable, qui, suivant M Rousseau, n'est au fond, rien autr chose qu'une adroite usurpation ; droit civil, fruit des réflexions des hommes sur une situation aussi misérable que celle dans laquelle les avoit mis le partage des terres. En effet, toutes les propriétés n'étant pas fondées sur des titres meilleurs les uns que les autres, » on avoit beau dire : (1) c'est moi » qui ai bâti ce mur, j'ai gagné ce terrein par mon travail. Qui vous a » donné les alignemens, leur pouvoit-» on répondre, & en vertu de quoi » prétendez-vous être payé d'un travail que nous ne vous avons point » imposé ? Ignorez-vous qu'il vous » falloit un consentement exprès & » unanime du genre humain pour vous » aproprier sur la substance commune tout ce qui alloit au delà de la » vôtre ? » Un ceci est à moi, n'étoit plus de saison ; faute de gens assez simples pour les en croire sur leur parole, on n'en tenoit compte, on les renvoyoit au tems passé. Plus l'espéce grandissoit, plus l'esprit lui venoit ; & plus on avoit d'esprit, plus on étoit chicaneur ; on vouloit sçavoir comment & pourquoi ? encore épiloguoit-on sur tout. On sent aisément qu'une situation pareille étoit bien affreuse ; aussi nos

(1) Page 133.

bonnes gens en sentirent-ils tout le dé-
(2) Page 134. savantage. Alors « le riche (2) pressé
» par la nécessité, conçut le projet le
» plus réfléchi qui soit jamais entré
» dans l'esprit humain : » Ce fut après
avoir tout bien combiné pour son plus
grand avantage, de faire à ses voisins
un discours pathétique sur les miséres
du tems, pour les engager à y remédier : « instituons, *leur dit-il*, des ré-
(3) Page 135. » glemens de justice & de paix, aus-
» quels tous soient obligés de se con-
» former, qui ne fassent acception de
» personne, & qui réparent en quelque
» sorte les caprices de la fortune, en
» soumettant également le puissant &
» le foible à des devoirs mutuels. »
Ce qui fut dit & ce qui fut fait. Tous
(4) Page 136. à l'envi « coururent (4) au devant de
» leurs fers, croyant assurer leur li-
» berté. »

(5) Page 137. » Telle fut (5) ou dut être (n'im-
» porte) l'origine de la société & des
» loix, qui donnérent de nouvelles
» entraves au foible, & de nouvelles
» forces au riche, détruisirent sans re-
» tour la liberté naturelle. De-là la
» politique des Etats. Dès-lors on vit
» l'homme civilisé aller au devant d'un
» joug, à qui l'homme barbare préfé-

» reroit la perte de la vie même. » Quel enchantement ! quelle folie ! Mais au bout du compte, pourquoi M. Rousseau prétend-il aujourd'hui nous défiller les yeux ? ne voyons-nous pas aussi clair que lui ? Seul, jouit-il de de la lumiére, tandis que nous en sommes tous privés ? Le contraire n'est-il pas plus présumable, sans entrer d'ailleurs dans aucune distinction avec lui sur l'origine & la nécessité réelle de nos prétendus fers ? S'ils nous plaisent, s'ils nous paroissent legers, doux, nécessaires & indispensables à notre bien-être, si nous préférons notre prétendu joug à la liberté aparente des plus sauvages, que lui importe ?

Sont-ce donc de vrais fers que ceux que l'on se donne & que l'on porte avec autant de plaisir que de liberté ; fers si legers & si libres, que leur perte seroit pour nous un esclavage réel. Que notre penchant pour eux soit une folie, qu'il soit ce qu'il plaira à M. Rousseau de le traiter, semblables au fou de Smirne, notre guérison nous seroit fatale. Tandis que l'oiseau des bois chante, l'oiseau élevé dans la cage en chante-t-il moins, en vit-il moins heureux ? Qu'on lâche celui-ci, qu'on renferme celui-là, tous les deux périront. D'ailleurs pour l'homme vraiment homme, est-il un esclavage réel ; la matiere, à la vérité, peut bien n'être pas libre ; en ce cas notre corps, comme faisant partie de la matiere, peut bien être susceptible de non liberté, d'être renfermé, détenu dans tel ou tel espace, obligé, contraint de prendre telle forme, telle configuration. Mais l'homme n'est-il composé que de la seule matiere ? Qui peut captiver, réduire en servitude, donner des fers à sa volonté, à son esprit, à l'être pensant en lui, si la volonté de l'homme pour le bien-être commun l'a assujéti à des loix ? Cet assujétissement étant volontaire, peut-il être autre que libre ? D'ailleurs, dans toute la nature, qu'on parcoure tous les êtres créés, qui n'a pas ses loix ? Dieu lui-même a les siennes. Est-il son propre esclave parce qu'il les suit ? N'est-il plus libre parce qu'il ne peut pas s'en écarter. La vraie liberté consiste dans l'ordre ; & les loix ne sont rien autre chose que l'ordre. Il n'y a donc d'esclavage réel que dans le desordre qui n'est rien autre chose que le défaut, l'abus ou l'inexécution des loix.

Autant

Autant de tems que l'ame aura l'exercice de ses fonctions, autant de tems elle sera libre : la volonté de l'homme ne peut jamais être contrainte, òu elle cesseroit d'être réellement volonté chez lui, parce que pour que la volonté soit réelle, il faut qu'elle soit libre ; c'est pourquoi dans l'action du bien comme du mal nous sommes toujours libres, parce que nous ne voulons & ne pouvons vouloir ce qui nous plaît que librement ; autrement la volonté n'étant pas libre, ne seroit pas réellement volonté, & l'action ne pouroit avoir aucune qualité. Je ne nierai cependant pas que, quant à l'exercice & l'effet extérieur de cette volonté, elle ne soit pas toujours libre, l'effet & l'exercice de la volonté de l'homme dépendant de l'entremise des organes du corps. Ce corps pouvant cesser d'être libre, il peut arriver en ce cas qu'il ne puisse obéir ou exécuter ce que la volonté commande ; mais la volonté n'en sera pas toujours moins libre, moins réelle, quoique l'effet extérieur & l'exécution de cette volonté ne s'ensuivent pas. En un mot, tout homme, j'apelle ainsi le vrai homme, sera toujours libre dans quelque lieu, dans quelque état, dans quelque ſituation, dans quelque partie de l'univers qu'il ſe trouve ou qu'on le place, parce qu'il ne comptera jamais pour rien la non liberté de la matiere, tant qu'il ſera au deſſus de cette même matiere, dont ſon corps fait à la vérité partie, mais qui n'eſt en lui que la partie la moins noble ; il ne ſera cenſé & réputé vraiment eſclave que lorſque ſon eſprit, l'être penſant en lui, ſera l'eſclave de cette même matiere qui par elle-même ne tend qu'au deſordre. Voila les ſeuls fers qu'il doit craindre, le ſeul joug qu'il lui importe le plus d'éviter & de ſecouer, lorſqu'il a eu le malheur de s'y être laiſſé aſſujétir.

Mais, dira M. Rouſſeau » il m'importe (6) qu'on n'abuſe point de ma » liberté, & je ne puis ſans me rendre » coupable du mal qu'on me forcera » de faire, m'expoſer à devenir l'inſ» trument du crime. » Encore une fois, il ne peut être queſtion que de la non liberté du corps à laquelle il peut être expoſé en tant que matiere, puiſque, comme je l'ai déja dit, en nulle occaſion l'être penſant ne peut perdre ſa qualité d'agent libre, qualité propre & eſſentielle à ſon exiſtence ; prérogative,

(6) Page 154.

avantage dont le Créateur pouroit seul le priver, parce qu'étant sa créature, il pouroit sans injustice retirer ce qu'il a donné conformément à ses desseins toujours justes. Ne pouvant donc s'agir ici que de la non liberté du corps dont on pouroit abuser en le contraignant & le forçant à devenir l'instrument du crime, j'avourai que la volonté toujours libre deviendroit coupable si elle exposoit dans ce cas, le corps à perdre sa liberté, ou plutôt une partie du droit qu'elle a sur lui; car à le bien prendre, le corps étant matiere ne peut jamais être dit plus libre dans un tems que dans un autre. La matiere ne pouvant jamais être libre, ni par conséquent se donner elle-même l'action, il faut toujours que le corps agisse conformément aux impressions, soit de la volonté qui lui est unie, soit de toute autre cause étrangére. Il est dit libre lorsque cette volonté qui lui est unie le meut & le fait agir sans aucun obstacle, conformément à elle-même; il est dit non libre toutes les fois que par contrainte ou autrement il obéit à toute autre cause, indépendamment des impressions de la volonté qui lui est unie, qui alors perd en partie ou entierement, suivant les circonstances, les droits qu'elle a naturellement sur lui.

La volonté ne peut ni ne doit consentir à l'aliénation, ni s'exposer à perdre la moindre partie des droits qu'elle a sur le corps qui lui est uni, que dans le cas où il n'y auroit pas d'autre moyen de conserver l'existence de ce même corps, ou pour un plus grand bien, dans le cas cependant où elle seroit moralement certaine qu'il s'ensuivroit le moindre mal de la non liberté du corps. Elle doit préférer, si elle a le choix, la non existence de ce même corps à sa non liberté; si elle n'a pas ce choix, alors tout le mal qui poura résulter de la non liberté du corps qui lui est uni, ne poura lui être imputé, n'y donnant en aucune maniere son consentement; le corps n'étant pas plus libre que le couteau que conduit la main de celui qui illégitimement égorge son semblable, peut bien à la vérité devenir en ce cas l'instrument du crime, mais il ne poura jamais en être souillé, ni la volonté coupable, parce que là où il n'y a point de liberté, il ne peut y avoir de crime.

Cet abus de la liberté ne peut donc point être ici une suite de l'assujétissement volontaire aux loix, comme le supose M. Rousseau, puisque les loix seules sont faites pour maintenir la raison parmi les hommes, & que le seul raisonnable est le seul vraiement libre. Mais M. Rousseau en veut toujours à la société; cette société ne pouvant subsister sans conventions, sans devoirs mutuels, sans loix, les hommes existans comme ils existent, il étoit conséquent à sa mauvaise humeur de traiter cet assujétissement aux loix d'esclavage, ces conventions, ces devoirs mutuels, de fers que l'espéce humaine s'est mal-à propos selon lui donnés.

M. Rousseau ne disconviendra pas, il trouve même juste & conforme à l'ordre naturel que « l'enfant (7) soit dépen- » dant du pere autant de tems qu'il a » besoin de son secours. » La société est la mere, pour ainsi dire, de tous les hommes, l'espéce ne subsiste que par elle, les hommes ont & auront toujours besoin de son secours. Pourquoi ne conviendra-t-il pas qu'il est pareillement juste que tous en soient toujours dépendans? c'est-à-dire, assujétis aux loix qui en sont les fondemens; mais pour un moment je consens qu'on suprime, qu'on bannisse, qu'on anéantisse dans l'univers les loix qui le gouvernent, que tous les êtres qui le composent, secouent un

(7) Page 149.

joug qui ſelon lui eſt contraire à leur liberté, qu'en réſultera-t-il? Un déſordre général, le néant. Eſt-ce-là, M. Rouſſeau, votre but? Par la raiſon que l'être ne peut exiſter ſans loix, préférez vous le non être? Je ne veux pas, me répondrez-vous, que la nature en général n'ait pas ſes loix, ce n'eſt pas ce que je prétends; j'aurois voulu que l'homme ſe fût toujours conduit par ces ſeules loix générales de la nature, ſans jamais s'être, comme il l'a fait, aſſujéti à de particulieres à ſon eſpéce. Mais les loix générales de la nature n'étant que des loix propres à la matiere, y ayant dans l'homme outre la matiere un être penſant & indépendant de cette même matiére, il a été de toute néceſſité qu'il ſe ſoit aſſujéti à des loix particulieres & propres à l'être ſpirituel qui anime & conduit chez lui la matiére. Si la matiere a bien ſes loix, pourquoi l'eſprit ſupérieur à la matiere n'auroit-il pas les ſiennes? L'homme donc étant un compoſé de l'un & de l'antre, il a falu que les loix propres à ſes deux ſubſtances ſi différentes entr'elles, ayent concouru, pour ainſi dire enſemble, afin d'en faire germer & ſortir les loix de la ſociété, pour le conduire & le gouverner confor-

conformément à ſon ordre de création.

D'ailleurs l'homme étant ſorti par ſa faute de cet ordre de création, & ne pouvant plus y rentrer, s'y ſoutenir par ſes propres forces, tendant au contrai- par ſa pente & ſon penchant vers le déſordre, il a falu des loix pour l'y ramener & l'y maintenir, ordre ſans lequel rien ne peut exiſter. Que M. Rouſſeau parte de-là, il verra que la ſociété & les loix ſont indiſpenſables & d'une néceſſité abſolue parmi les hommes. Ces loix une fois reconnues néceſſaires & indiſpenſables, il s'enſuit qu'il a dû de tout tems y avoir des hommes particuliers à qui l'autorité ſur les autres a été remiſe du conſentement général de l'eſpéce, pour les faire exécuter, ſans en être diſpenſés eux-mêmes. De-là le gouvernement paternel, de-là le gouvernement civil & politique, deux ſortes de gouvernemens également néceſſaires, également reſpectables, puiſque leur principe, leur origine eſt également dans l'ordre. Le genre humain n'eſt rien autre choſe qu'une grande famille compoſée de pluſieurs autres déſignées par les noms d'états, de nations, de royaumes; états, royaumes, nations, compoſés à leur tour de familles encore plus particulieres. Tous les hommes en général sont les enfans du même Créateur, les Rois sont les peres des nations qui composent le genre humain, comme les peres à la tête de leur famille en sont les souverains & les rois. Le même principe rend également les uns & les autres dépendans & assujétis à l'autorité qui les gouverne, l'ordre enfin. Cela une fois bien

(8) Page 150. constant, en croirons-nous M. Rousseau sur sa parole, lorsqu'il nous dit » que les biens (8) du pere dont il est » véritablement le maître, sont les liens » qui retiennent ses enfans dans sa dé- » pendance. » S'il en étoit donc ainsi, dès lors qu'un enfant n'aura aucuns biens à espérer de son pere, il n'y aura donc plus de liens qui le retiendront dans sa dépendance, & si, comme il arrive quel-

(9) Ibid. quefois, le pere se trouve réduit à ne pouvoir subsister que par le travail de ses enfans, « la reconnoissance (9) n'étant » pas un droit qu'on puisse exiger, » n'y ayant plus aucuns liens qui attacheront l'enfant au pere, que deviendra ce malheureux ? Il n'aura donc pas plus à attendre de sa reconnoissance que de la pitié des autres. D'ailleurs dans cette hipothése, l'éducation, la culture de l'esprit & du cœur, les instructions, les avis, les conseils

conseils d'un pere, ne seront donc plus des liens qui devront retenir l'enfant dans sa dépendance. Qu'est donc devenu, M. Rousseau, « cette émotion si douce avec » laquelle vous vous rapelliez la mé- » moire du vertueux citoyen qui vous » donna le jour? » *Ne se fait-elle pas sentir dans ce moment*? Ses tendres instructions sont-elles déja oubliées? N'étoit-ce que les seuls biens dont il étoit le maître qui vous attachoient à lui, & vous retenoient dans sa dépendance; » obligé de vivre de son travail, » que pouviez-vous en attendre? Une fois en état de vous passer d'un secours qu'il ne vous procuroit qu'à la sueur de son front, ne vous étoit-il donc rien de plus que votre égal? Que sont devenus ces beaux sentimens ainsi que bien d'autres? * Ils n'étoient donc qu'affectés & rien moins que réels.

D'un autre côté M. Rousseau n'est pas plus réservé lorsqu'il traite du gou-

* Personne ne pense mieux & ne dit mieux ce qu'il veut que M. Rousseau; voyez la Dédicace de son Discours à la République de Génêve; on l'y trouvera constanment, bon fils, zélé citoyen, tendre époux, généreux ami, le défenseur des loix & des usages, l'apologiste de la raison, de de l'honneur, de la vertu, le prédicateur même de l'évangile & de la saine morale: *Heu! quantum mutatus ab illo?*

vernement civil & de ses chefs. Selon lui toute autorité est toujours une usurpation dans son principe, qui ne subsiste qu'aux dépens de la liberté de ceux qui en sont dépendans, d'autant plus ou d'autant moins qu'elle est plus ou moins grande. Selon lui l'ambition seule aidée de la force a fait des tyrans & des Rois; la crédulité & la lâcheté, des sujets ou plutôt des esclaves. S'il en étoit ainsi, s'il étoit possible & permis de traiter avec autant de mépris les gouvernemens civils, de parler avec aussi peu de respect des têtes ceintes du diadême; sous l'ombre d'une fausse liberté perdue, de soulever le sujet contre son Prince: l'autorité des souverains de la terre étant émanée de Dieu, seroit-il lui-même à l'abri du titre d'usurpateur? En effet, quel gouvernement plus despotique? Quel souveraineté plus entiere & plus étendue sur les hommes? Tout est à lui, rien n'est à eux, « ils lui doivent tout, (1) » il ne leur doit rien, il fait justice quand » il dépouille, & grace quand il conserve. » Par cette raison ne sera-t-il pour eux qu'un tyran? Ne leur sera-t-il plus permis de le regarder comme leur pere, & eux comme ses enfans? Il n'en est pas de même, me répondra-t-on, du Créa-

(1) page 151.

teur comme des ſouverains de la terre; il a un droit réel ſur ſon ouvrage, & les Rois ne ſont que ce que nous ſommes. Cela eſt vrai; mais qui empêche que ce Dieu ne faſſe part de ſon pouvoir à telle ou telle créature, qu'il lui plaira de choiſir, pour l'exercer en ſon nom ſur la terre? Pourquoi ne nous donnera-t-il pas des tableaux, des images vivantes de ſa toute-puiſſance & de ſa ſouveraineté? Les Rois ont bien des Miniſtres, des Magiſtrats qui les repréſentent, & auſquels ils confient leur autorité pour faire exécuter leurs volontés. Sujets comme les autres, en reſpecte-t-on moins dans eux le Souverain. Pourquoi dans les Rois, revêtus qu'ils ſont d'une partie de l'autorité divine, ne reſpectera-t on pas le Souverain des Souverains? Dieu eſt bon, continuera-t-on, il eſt juſte, il ne peut abuſer de ſa puiſſance, il ne nous traite pas en maître, mais en pere; ainſi doit pareillement agir tout Souverain de la terre. Quel qu'il ſoit, il n'eſt pas plus diſpenſé des loix que le dernier de ſes ſujets; toutes les fois qu'il s'en écarte il abuſe, je l'avoue, de l'autorité dont il n'eſt que le dépoſitaire; mais celui qui l'a lui a confiée, n'eſt-il pas aſſez puiſſant pour l'en punir? Son gouvernement eſt dur, injuste, cruel, direz-vous ? Nous est-il libre par cette raison d'en secouer le joug ? Non ; sous quelque prétexte que se soit, le penser seulement seroit un crime. Dieu nous le donnant tel, a eu sans doute ses desseins ; de quelque maniere qu'il agisse & en use à notre égard, sa volonté nous est toujours une loi ; soit que sa main frape, soit qu'elle guérisse, elle nous est toujours également respectable. Dans ce Roi cruel & sanguinaire, je n'y vois qu'un Dieu vengeur, irrité, mais juste, qui punit ; dans un Roi sage uniquement occupé du bien de ses sujets, je n'y vois qu'un Dieu miséricordieux, bienfaisant, qui récompense : dans l'un comme dans l'autre, je n'y vois également que les exécuteurs de la volonté divine, à laquelle je ne puis sans crime m'oposer, ni me soustraire. Elevés dans ces sentimens, de quel œil verrons nous M. Rousseau avancer & soutenir que « l'émeute (2) qui finit par » étrangler ou détrôner un Sultan, est » un acte aussi juridique que celui par » lequel il disposoit la veille de la vie & » des biens de ses sujets. La seule force » le maintenoit, la seule force le renverse, tout se passe ainsi selon l'ordre naturel. » Ce Sultan, M. Rous-

(2) Page 177.

seau, étranglé, détrôné aussi juridiquement que vous le prétendez, n'étoit-il pas également l'oinct du Seigneur? êtes-vous donc établi juge entre lui & ses sujets? Sa tête n'étoit-elle pas couronnée aussi bien que celle des autres puissances? Sa personne aussi sacrée n'étoit-elle pas reconnue pour telle par toute la terre? Le fanatisme qui jadis fit couler le sang de nos Rois, étoit pour lors un acte juridique chez ses féroces auteurs; leur action en est-elle moins execrable à nos yeux? Que dis-je, jadis, la plaie * mal fermée ne vient-elle pas de se rouvrir... ce sang précieux répandu ne fume-t-il pas encore... Souverains de la terre, la couronne vacillera-t-elle toujours sur vos têtes? dépent-elle d'opinions aussi injustes, aussi fausses que particulieres? Qu'un Turc dans Constantinople pense de nos Rois ce que, si témérairement dans Paris, M. Rousseau avance d'un

* Robert-François Damien, natif d... en Artois, le 5 Janvier 1757, veille des Rois, à cinq heures trois quarts du soir, frapa le Roi au côté droit d'un coup de couteau à deux lames. Heureusement le coup détourné par la Providence ne fit que glisser sur les côtes, & le meilleur de tous les peres fut rendu aux vœux de tous les vrais François. On ignore les motifs & les complices d'un si horrible attentat, du moins ne sont-ils pas encore publics & connus.

Sultan, en ſeroit-il moins dans l'erreur ? Non ; les ſouverains dont ils ſont les ſujets, dans leur gouvernement différent, tiennent également leur puiſſance & leur couronne de Dieu. Jamais donc dans aucun tems, dans aucun lieu, ſous quelque prétexte que ce ſoit, le prince n'eſt juſticiable de ſon ſujet, ni d'aucune autre puiſſance de la terre telle qu'elle ſoit ; il n'eſt juſticiable que de celui-là ſeul, duquel il tient ſon pouvoir. Quand même il tourneroit cette autorité qu'il ne tient que de Dieu contre Dieu-même, les coups que de faux zèlés porteroient à ſa couronne, quelqu'aparence de juſtice qu'ils euſſent d'ailleurs, n'en ſeroient pas moins injuſtes, moins criminels, ni moins horribles. Nous pouvons bien en ce cas abandonner, ſacrifier, s'il eſt néceſſaire, & ſi on l'exige, nos vies pour ſoutenir ou défendre les droits de Dieu ; mais jamais nous ne pouvons, pour la même cauſe, ſacrifier les droits ou la perſonne de nos Rois. Deſpotes, tyrans, ſouverains, bons, méchans, ſages, diſſolus, religieux, impies, tels qu'ils ſoient, portent tous ſur leur front l'empreinte & le caractére inviolable & ſacré de la divinité qu'ils repréſentent ſur la terre. Leur diſputer ce droit, vouloir en ébranler ou en révoquer en doute la validité, c'eſt méconnoître le bras qui les a placés, c'eſt attaquer dans eux la puiſſance de Dieu-même, c'eſt être plus que parricide, c'eſt être déicide; caractere ſacré que M. Rouſſeau lui-même, eſt forcé de reconnoître, mais de quelle maniere? « Il étoit (3) » néceſſaire, dit-il, au repos public, » que la volonté divine intervint pour » donner à l'autorité ſouveraine un ca- » ractere ſacré & inviolable, qui ôtât » aux ſujets le funeſte droit d'en diſpo- » ſer. » Quelle étrange intervention! M. Rouſſeau pouroit-il nous en donner l'époque & la date, lorſque Dieu, ſans doute, s'eſt aperçu » des diſcuſſions (4) » affreuſes, des déſordres infinis qu'en- » trainoit néceſſairement le dangereux » pouvoir de l'autorité ſouveraine; » mais ce Dieu éternel, ce Dieu à qui tout eſt préſent, qui régle, qui gouverne tout ſur la terre, ne s'eſt-il aperçu qu'a- près l'événement des ſuites de ce dan- gereux pouvoir? Pour ôter aux ſujets le funeſte droit d'en diſpoſer, l'avoient- ils auparavant. L'autorité ſouveraine ayant ſon principe dans la volonté divine qui eſt éternelle, peut-on ſupoſer, com- me il le fait néceſſairement ici, qu'il

(3) Page 160.

(4) Ibid.

y ait eu un tems depuis ſon origine, pendant lequel cette autorité n'ait pas eu un caractere reſpectable & ſacré? Il n'y a eu des ſouverains que parce qu'il étoit de l'ordre qu'il y en eût, & l'ordre eſt Dieu même. Comment la volonté de Dieu a-t-elle donc pu intervenir pour donner à l'autorité ſouveraine un caractere ſacré qu'elle avoit dès ſon origine, puiſqu'elle en eſt le principe; intervention prétendue, dans l'eſprit de M. Rouſſeau, plus politique que religieuſe. Après cela il viendra pieuſement nous dire que « quand la Religion (5) » n'auroit fait que ce bien aux hom» mes, c'en ſeroit aſſez pour qu'ils duſ» ſent tous la chérir & l'adopter mê» me avec ſes abus. » Ou l'autorité ſouveraine, dans ſon origine & ſon principe, eſt juſte ou injuſte : ſi elle eſt injuſte comme vous la ſupoſez, M. Rouſſeau, quelle Religion, quel Dieu que le vôtre, qui ſert de manteau à l'injuſtice, de maſque à l'uſurpateur; ſi elle eſt juſte comme je le crois, & comme doit le croire tout ſujet, qu'elle Religion, quel Dieu que le mien, qui, auteur de l'autorité ſouveraine, lui imprime le caractere de ſa divinité pour la rendre reconnoiſſable & reſpectable aux yeux

(5) Page 161.

de toute la terre. Auteur des loix comme des Rois, n'eſt-il pas dans l'ordre qu'il en ſoit le défenſeur & le protecteur. Mais dans des ſentimens pareils aux vôtres, adopterois-je, chérirois-je une religion qui dans mon ſouverain ne me montre qu'un uſurpateur; dans mon Roy qu'un ambitieux, qu'un impoſteur; qui n'eſt ce qu'il eſt « qu'aux dé-
» pens de ma liberté, (6) qu'il ne m'a
» pas été plus libre d'aliéner que lui de
» s'en rendre le maître; dont la con-
» vention ne peut être que nulle, étant
» de droit naturel abuſive, qui renfer-
» me dans un ſeul tout le droit de cha-
» que individu ... droit de ſouveraine-
» té qui n'a pas plus de ſolidité dans ſes
» ſuites que de vérite dans ſon établiſ-
» ſement, qui ne peut tourner qu'au pré-
» judice de ceux qui ſont engagés dans
» ſa dépendance .... droit qui avilit
» les peuples en les aſſujettiſſant ſous les
» loix d'un ſeul .... autorité qui regar-
» de plus l'avantage de celui qui com-
» mande que de celui qui obéit ....
» autorité manifeſtement contraire à
» la loi de nature, de quelque ma-
» niere qu'on la définiſſe, en faiſant
» qu'un enfant commande à un vieil-
» lard, un imbécille conduiſe un hom-

(6) Voyez depuis la page 126 juſqu'à la fin du diſ.

» me ſage * ... » & c'eſt-là cette religion qu'il faut que j'adopte, que je chériſſe même avec ſes abus « quand » elle n'auroit fait que ce bien ; » & quel bien ? Autoriſer des monſtres, faire intervenir la volonté divine pour donner à leur autorité, ou plutôt à leur uſurpation, un caractere ſacré & inviolable. quel renverſement d'idées ! Quel Dieu ! Quelle religion ! Quels ſouverains ! Quels hommes.

Nous voilà enfin, M. Rouſſeau & moi parvenus au point qui ferme le cercle, point différent de celui par lequel nous avons commencé, en ce que l'un étoit l'état de l'homme dans ſa pureté, & que ce dernier eſt le fruit d'un excès de corruption. Nous avons prouvé tous les deux que l'état naturel des hommes n'eſt point leur état d'origine, que l'inégalité qu'on voit régner aujourd'hui parmi eux n'eſt point conſéquente à leur état de création, qu'elle n'eſt qu'accidentelle & relative au déſordre arrivé depuis. L'homme n'eſt plus ac-

* Combien eſt-il d'une dangereuſe conſéquence de tolérer de pareilles réflexions dans le ſein d'un Etat policé ? Combien M. Rouſſeau, lui-même, doit-il ſe les reprocher ? Combien un Damien ou ſes fauteurs auroient-ils pu s'en autoriſer ?

tuellement dans ſon état originaire, un déſordre conſtant l'en a tiré : rien de plus certain ; en cela nous ſommes d'accord. Quel eſt cet état primitif? Quel eſt ce déſordre ? Voilà ce qui nous diviſera long-tems ; nos ſentimens ſur ces deux points étant diamétralement opoſés.

Pour amener les hommes à l'état où nous les voyons aujourd'hui, il a fallu à M. Rouſſeau une infinité de ſiécles, de hazards, une combinaiſon d'événemens qui pouvoient arriver comme ne pas arriver ; il ne m'a fallu qu'un inſtant malheureux, la déſobéiſſance du premier de l'eſpece envers ſon Créateur. Selon lui l'égalité n'a diſparu, d'autant plus que l'homme s'eſt plus élevé au deſſus de l'inſtinct de la brute, qu'il s'eſt plus écarté de cet état prétendu primitif; ſelon moi elle n'a diſparu d'autant plus que l'homme, en abandonnant ſon état d'homme, s'eſt plus abaiſſé à celui de la brute. Selon ce Philoſophe l'homme n'eſt parvenu au point que nous le voyons, qu'en uſant de la faculté de ſe perfectionner, en voulant, pour ainſi dire, ſe ſpiritualiſer ; ſelon moi, il n'y eſt parvenu qu'en s'écartant de ſa premiere perfection, en uſant de la faculté de se détériorer & en voulant se matérialiser. M. Rousseau a raisonné conséquemment à ses idées, à ses sentimens; j'ai raisonné conséquemment aux miens; il ne s'agit plus que de décider entre nous, lequel a des idées, des sentimens plus justes, plus vrais & plus conformes à la nature de l'homme. Si l'homme n'est que pure matiére, si en conséquence il est borné à ce peu de tems qu'il passe sur la terre; si après ce tems il rentre pour toujours dans le néant, ou s'il réexiste dans une autre modification de la matiére, je rends les armes; M. Rousseau est mon Héros, je suis son Apologiste. La vie la plus conforme à celle de la brute sera toujours la meilleure pour l'homme; * il ne me restera plus alors qu'à lui demander la raison des sentimens distincts & réels que nous avons de notre existence, d'une immortalité, d'un fini, d'un infini, d'un parfait, d'un moins parfait, de l'être, du non être, &c.... D'où vient à l'homme le sentiment de la douleur? tous les êtres crées également matiére; la matiére

* Dieu auroit traité plus favorablement la brute que l'homme. *Seneq. Philos.* Voyez le passage en entier. Epitre 74.

en général ſera donc capable des mêmes idées, des mêmes ſentimens, telle plante en ſera donc auſſi ſuſceptible que tel homme. La maniere d'être, me répondra-t-il, de cet être plante, n'eſt pas la maniere d'être de cet homme; par conſéquent l'un peut être ſuſceptible d'idées, de ſentimens, de ſenſations, & l'autre ne le pas être, ſuivant leur maniere d'être différente, & la diſpoſition de leurs organes; mais, repliquerai-je, qui a donné à ces différens êtres leur maniere d'exiſter? Pourquoi la maniere d'être de l'un n'eſt-elle pas la maniere d'être de l'autre, & en conſéquence celui-ci ſuſceptible du ſentiment de la douleur, tandis que celui-là n'en ſera point ſuſceptible; n'eſt-ce ſeulement que parce que la providence dont ils ſont également les ouvrages en aura ainſi ordonné? En ce cas, quelle providence injuſte & capricieuſe qui ſe fait un amuſement & un plaiſir cruel de créer des malheureux! Si les hommes purement matériels, bornés à cette terre, ſont l'ouvrage d'une Providence très-ſage, ne pouvant mériter aucun châtiment, la matiére par elle-même non libre, par conſéquent non coupable, comment le ſentiment de la douleur ſera-t il conſéquent à leur nature ? Ou cette Providence ſage n'a pu faire de ſon ouvrage ce qu'elle a voulu, ou elle n'eſt rien moins que ſage & bienfaiſante. Alors l'homme ſeul ſuſceptible du ſentiment de la douleur, ſera le plus malheureux & le dernier des ouvrages non d'une ſage mais cruelle providence. S'il en étoit ainſi, cette Providence ne ſeroit pour moi qu'un tyran féroce, dont l'unique bienfait ſeroit de détruire en moi un exiſtence, qui, ſans eſpérance pour l'avenir, ne m'offre que des maux preſents. Le néant ſeroit ma divinité * & l'auteur de mon exiſtence, mon plus cruel ennemi. Alors l'être créé ſeroit plus parfait que celui dont il auroit reçu l'être ; car de ſa nature l'être créé répugne à tout ſentiment de douleur, & ſon auteur n'en feroit qu'un attribut de ſa puiſſance. Quel déſordre alors, M. Rouſſeau, dans les idées que nous avons du Créateur & des êtres créés ? Il s'enſuivroit que l'être pour l'homme ſeroit une imperfection ; & le non être une perfection. Mais que tout change bien de face à la lu-

* *Non naſci eſſe bonum, natum aut cito morte potiri.* Auſone. Idil. XV.

miere de l'immortalité pour laquelle l'homme a été créé. Cette vie ne paroîtra plus qu'un passage, un chemin vers le bonheur éternel ; le sentiment de la douleur, suite du crime, un juste châtiment dû au coupable. Je verrai l'homme créé dans l'ordre pour être toujours heureux ; par sa qualité d'agent libre, tombé dans le désordre, je ne le verrai malheureux qu'autant qu'il sera coupable. * Que de justice ! que de sagesse alors dans l'Auteur de mon existence. Créé pour lui seul, mon unique bien, puis-je être autre chose que malheureux tant que je chercherai ailleurs un bonheur que je ne puis trouver que dans lui seul. Ouvrez les yeux, M. Rousseau, au flambeau de la vérité, vous verrez l'homme susceptible du sentiment de la douleur, parce qu'il est coupable. Qu'il cesse d'être coupable, il cessera d'être malheureux. Vous trouverez la source de l'inégalité actuelle parmi les hommes, non dans ce que l'homme s'est écarté de son premier état, qui n'étoit autre, selon vous, que l'état de la brute, mais dans ce qu'il s'en est d'autant

* *Sub justo deo, nullus miser nisi mereatur.* August...

plus aproché, en sortant de l'ordre dans lequel il avoit été créé; non en usant de la faculté de se perfectionner, mais au contraire en usant de celle de se détériorer. Vous avouerez que cette inégalité, suite & châtiment du désordre, est elle-même dans l'ordre, parce qu'il est de l'ordre que le crime soit puni; vous conviendrez que l'homme depuis sa premiere chute, devant être par sa faute toujours coupable, il est nécessaire que le châtiment dure autant que le crime; qu'en conséquence, tant que l'espéce subsistera, autant de tems elle sera sujette à la douleur & à l'inégalité; enfin que les hommes ne seront égaux & heureux que lorsqu'ils cesseront d'être coupables & criminels. Voila, M. Rousseau, quels sont mes sentimens : puisse la vérité vous en inspirer de pareils, ainsi qu'à tous ceux qui pensent comme vous; elle le peut, je l'espére.

FIN.

www.ingramcontent.com/pod-product-compliance
Ingram Content Group UK Ltd.
Pitfield, Milton Keynes, MK11 3LW, UK
UKHW020602180726
13838UKWH00001B/369